你为爱车保险了吗？

王国军◎著

U0832133

北京大学出版社
PEKING UNIVERSITY PRESS

图书在版编目（CIP）数据

你为爱车保险了吗？/王国军著.—北京：北京大学出版社，2009.10
（保险科普丛书）
ISBN 978-7-301-15728-2

Ⅰ.你… Ⅱ.王… Ⅲ.汽车保险-基本知识-中国 Ⅳ.F842.63

中国版本图书馆CIP数据核字（2009）第167074号

书　　名：你为爱车保险了吗？
著作责任者：王国军　著
责 任 编 辑：何耀琴　李晨乐
标 准 书 号：ISBN 978-7-301-15728-2/F·2275
出 版 发 行：北京大学出版社
地　　址：北京市海淀区成府路205号　100871
网　　址：http://www.pup.cn　电子邮箱：em@pup.pku.edu.cn
电　　话：邮购部 62752015　发行部 62750672　编辑部 62752926　出版部 62754962
印 刷 者：北京山润国际印务有限公司
经 销 者：新华书店
787毫米×1092毫米　16开本　11.5印张　154千字
2009年10月第1版　2009年10月第1次印刷
定　　价：25.00元

目录

第1章

风险人生

保险知识点

1. 机动车辆保险的种类
2. 主险与附加险
3. 车辆损失险
4. 机动车辆第三者责任保险
5. 交强险
6. 责任免除
8. 盗抢险
9. 划痕险
10. 玻璃单独破碎险
11. 不计免赔特约险
12. 车上人员责任险

1 香车

终于盼到了 2008 年北京车展。4 月 26 日就像是过年，天刚亮，我就和几个车迷向位于北京顺义区的国展新馆进发。真是一场饕餮盛宴，经历了一整天的人潮起落，逛完车展天已擦黑。回到学校后，疲累已极，却满脑子还都是汽车的影像。这时，我接到了沙纳的电话。

沙纳有些兴奋，问："今天在车展上看到了那辆标价 2500 万元的布加迪威龙没有，感觉如何？"

布加迪威龙是今天最靓丽的明星，我相信所有到过车展的人都不会错过这辆本届车展最昂贵的车。不过，布加迪威龙的样子却很诡异，像个跳蚤，蓝色幽灵一般蛰伏在车模身边。

沙纳说："我的一个朋友正在和代理商洽谈打算购买一辆，已经付了 50% 的订金，他今晚就从车展把其中的一辆开回他的别墅，明天和代理商签订购车合同。他希望我帮他参谋一下买车险的事，你要不要也过来看一下？"

布加迪威龙，1000 马力，极速 405 迈，目前世界上跑得最快的跑车！我们今天不过是隔着栏杆照了几张相而已，连摸都没能摸一下，如果可以近距离地接触一下布加迪威龙，这样的机会自然不会放过。

沙纳说："我在西校门外的紫光大厦前等你。"

20 分钟后，我已经坐在沙纳的宝马车上，沿着北四环向西山别墅区进发。

沙纳的朋友是个亿万富翁，做房地产生意发家。四十多岁，酷爱汽

车，为人极为低调。

富翁的别墅离皮尔森教授住过的落霞山庄其实很近，相隔不过两个山湾。别墅的左边是沿坡而上的大片林地，右边有一条河。能放七八辆汽车的车库在靠近树林的公路旁边，和别墅有 50 米左右的距离。

当我们到达时，富翁的保姆已经等候在车库门口。保姆看上去是一个低眉顺眼的乡下女孩，很漂亮，话不多，但很周到。

保姆用遥控钥匙打开库门，几排声控大灯立即将车库内照得雪亮。沙纳直接将宝马开进了车库。那辆蓝色的布加迪威龙就气宇轩昂地趴在正中间的车位上，沙纳这辆“不可一世”的宝马往旁边一停，颇显寒酸。

沙纳和我下车后围着布加迪威龙转了三圈，然后在保姆的引领下，恋恋不舍地离开车库，走向别墅的正门。

2 豪宅

富翁看上去是相当平常的一个人，身材有些高大，神情淡然，衣着朴素。此时已经微笑着站在门口相迎了。沙纳介绍：“这位是李总，这位是我的同学，是个车迷，也是个保险迷。”

“保险迷”这个词我还是第一次听说。沙纳很有创意，我心里想。

进门之后是一个面积约 150 多平方米的客厅。客厅很大，成长方形，布置得相当得体。

客厅与内室只有一门相连，门两侧的墙上是两幅巨大的油画，画面上竟然就是西山别墅区的风景。左边的油画是西山风景区的远景图，远山近树，清雾溪流，一派美丽的自然风光。右边油画景物的正中位置正是这座别墅，式样精巧的三层别墅小楼如童话中的城堡，掩映在绿树丛中。此画构思别具匠心，给人以身在画中的感觉。

客厅的两侧都是宽阔的阳台。阳台与油画的转角处各有一个与上一层相连的楼梯。客厅与阳台用整面的落地玻璃门相隔。因为到了晚上，客厅与阳台相连的玻璃门都已封闭，玻璃是单向透光的，里面可以比较清晰地看到外面清幽的夜色，从外面却只能看到淡淡的灯光，看不清里面的任何细节。

油画对面的墙壁，也就从外面进入客厅的大门右侧的墙壁上是多宝格，小格子里全部是大大小小的汽车模型，灯光从暗孔中照射出来，打在那些模型上，如同一个小型汽车博览会。大门左侧是一个 100 英寸的背投电视，正在播放中央电视台青歌会的画面，电视前面是一个中空的

水晶茶几，茶几内灯光柔和，热带小鱼在水中穿梭，水草摇荡，俨然一个微型的海洋世界。茶几后是一圈牛皮沙发，沙发的靠背很高，人坐上去只露出个头顶，将这一区域围成了一个相对独立的空间。客人可以坐在沙发上边看电视，边靠着休息。

李总把我们让到茶几边上，然后用遥控器关掉了电视。我和沙纳坐在正对电视的沙发上，李总则在面对着阳台的沙发上落座。

李总说："我以前都是买保险公司推荐的全险，但不知这样的安排是否合适，所以想向专家请教。"

沙纳很谦虚："我们也算不上什么专家，不过还是可以帮您参谋一下。总买全险，肯定是有花冤枉钱的地方。不过，对您这样的成功人士来说，多花些保险费获得更多的保障应该是没有什么大问题的。而且，您的时间成本很高，似乎没有必要在省几个保险费这样的小钱上动脑筋，如果您信得过，我们可以帮您设计一个保险方案。"

李总顿了一顿说："我倒不是为了省那几个钱，我是想转换一个我生意的发展方向。你们也都知道，2008年后，房地产的生意已经进入了低潮。我早就料到了今天，并已经从房地产市场全身而退。就像十多年前我看好房地产一样，我现在看好保险业。"

沙纳说："可是保险业的竞争也已经是比较激烈了，很多公司在保险业务上都是亏损的，它们的主要收入来自于投资，如果股票市场就这样半死不活的阴跌着，不少公司就可能又像2005年以前那样给员工发半薪了。"

李总说："我也做过一些功课，我也清楚，现在全国已经有了110多家保险公司了，如果我现在进入，那是没有任何优势的，所以我想咨询你们一下，我是不是可以成立一个专门做汽车保险的保险公司？"

沙纳说："专业化经营？已经有一家叫做'天平'的保险公司像您说的这样专做汽车保险了，如果能做好，这的确是一个不错的主意。"

李总说："我把我所有消费进行过横向比较，我觉得保险公司赚我的钱是赚得最轻松的，我买了十多年的车险，我这几辆车，每年都有几万块钱交给保险公司，可是这些年我就发生过一次剐蹭事故，保险公司赔了我不到5000块钱，保险公司这样的生意真是值得做啊！"

沙纳说："超级精明的商业头脑，您是这么看问题的。"

李总接着说："我还算过一笔账，一辆21万元的车，全险的保险费在6000元左右，大概35辆车一年交的保险费就够买一辆这样的车了，也就是说，如果保险公司承保的车辆，发生全部损失的概率低于1/35，也就是2.9%，保险公司就稳赚不赔。”

沙纳说：“您这里面没有考虑到保险公司的营运成本，在保险精算中也叫附加费用。也就是说，除了保险公司因保险事故发生赔出去的钱之外，保险公司还要承担营运成本，人吃马喂要花钱，国家税金要花钱，保险公司的投资者也要获得一个社会平均利润。”

李总说：“可是汽车发生事故的概率根本就没有那么高。2007年，全国汽车保有量约为5355万辆，全国共发生道路交通事故约327209起，每辆汽车每年平均发生车祸的概率等于车祸次数除以汽车数量，只有0.61%，按公安部的统计，近几年事故率还在降低。”

沙纳说：“保险公司的营运费用要花掉很大一笔钱。”

李总说：“我是开公司的，这个我明白。但是，即使你让附加费用等于保险公司的赔款支出，相当于将事故概率提高一倍，那保险公司还是可以获得超额利润的啊。”

沙纳说：“附加费用远小于保险金的支出，不会有赔款那么多。不过，您算的仅仅是全损，除了全损外，保险公司每年还要为部分损失、挡风玻璃破碎和划痕等支付大量的保险金，况且车辆盗抢的损失也是没有包括在您所说的2007年约33万起事故之中吧。只要是保险合同中的保险责任，保险公司都要赔付，而不仅仅是交通事故的损失。”

“再详细的数据我也没有了。不过我的直觉是做车险会很赚钱。”李总沉思了一下说，“那咱们不妨再分析分析来自保险业的数据，2007年所有保险公司车险的保费收入是1484.28亿元，赔款支出是790.32亿元，一半多一点。而车险基本都是一年一保，车险还把地震和海啸等巨灾排除在外，全国每年发生交通事故的概率大致差不多，准备金提取是非常有限的，你说保险公司是赔是赚吧。”

沙纳说："可是保险公司真的没有你算的那么高的利润。"

李总说："那么钱都哪里去了呢？我这还没算保险公司拿着投保人交来的保费做投资所得的投资收益呢。"

沙纳说："车险都是一年期的，投资收益和寿险没法比。"

李总说："我看过一家大公司的年报，2006—2007 年的利润也很可观呢。钱都到哪里去了呢？"

沙纳沉吟片刻说："实际上是中介把很多利润都拿走了，比如 4S 店，比如汽车修理厂。"

"保险公司那么大，保险中介那么小，主要利润还被中介拿走，那就是保险公司自己的问题了。"李总哈哈大笑，"看来我得投资做保险中介了，做一家 4S 店？可是这个行业的竞争也很激烈啊。"

沙纳说："干脆做一家专业的保险经纪公司或者保险公估公司。"

李总问："都是干什么的？"

沙纳说："保险经纪公司就是帮着投保人买保险的公司，他们会告诉投保人哪家保险公司的产品最适合，并从中协助双方签订保险合约。保险经纪公司只向保险公司收费，不向投保人收费。"

保险经纪公司就是帮着投保人买保险的公司。

李总笑："天下没有免费的午餐，保险公司的钱又从哪里来，还不是投保人缴纳的保险费，羊毛出在羊身上。"

沙纳说："如果由经纪公司负责保险招标，经纪公司一般要向中标的保险公司索取保险费的 15%。"

李总说："还不是嘛。"

沙纳说："那就投资一家保险公估公司吧。简单地说，如果车撞了，被保险人说赔 1 万，保险公司说赔 5000，这时候就需要出来一中介，查勘定损之后说句公道话，该赔多少，这就是保险公估公司主要做的事情。"

李总想了想："中介不太容易做大，我还是做一家保险公司得了，我有我的办法，不会让中介卡着我的脖子的。"

沙纳说：“有家保险经纪公司已经在美国证券市场上市了，保险中介这个行业值得考虑投资。”

李总说：“这事儿不急，我以后还会向你请教。我现在的问题是我的布加迪威龙的保险该怎么买。这辆车的保险今天办得差不多了，保费都打过去了。当然，如果你们有什么好的建议，我让他们再做些调整。”

沙纳说：“您买车险已经很多年了，大概也知道个一二。”

李总说：“以前我都是让公司财务部的人帮我办个全险，最终我签个字划款就得了，现在不同了，我想就此机会多了解一些保险的知识。刚跟你讲了，我不是还希望向保险这个方向转行吗？所以我希望从你这里学的东西越多越全面越好。当然我也不会亏待你，以后布加迪威龙可以借你开几天。呵呵。”

沙纳一下子来了精神：“您要是真舍得，让我开一天就好。”

李总说：“有什么舍不得的？好东西就需要大家分享。舍得酒的广告说得好，‘有舍才有得’。我给你车开，你给我讲授保险知识，我们是公平交易。”

沙纳清了清嗓子，指了我一下说：“那我就简单地说一下吧，有没说明白的地方，这位兄弟做个补充，他可是个深藏不露的保险专家啊。”

李总向我友好地一笑：“高手大多深藏不露，我要是真转行做保险，还少不了麻烦两位，请两位来当高管，希望多多指点。”

车险指的应该是机动车辆保险，而不仅仅是汽车保险。

“那先谢谢。”沙纳说：“严格一点说，车险指的应该是机动车辆保险，而不仅仅是汽车保险。机动车辆既包括汽车，也包括专用机械车、特种车，还包括电车、电瓶车、摩托车、拖拉机等。机动车辆保险是指保险人对机动车辆由于自然灾害或意外事故所造成的人身伤亡和财产损失负赔偿责任的一种商业保险。”

此时悦耳的门铃声响起。

3 美女

李总站起来从电视柜里拿出一份文件，解释说："大概是布加迪大中华区的代理商张嫣小姐到了，她来拿我修改过的购车合同的协议稿。我对车是一百个放心，但放心不下的是售后服务，如果没有硬一点的约束，一个配件坏了，他们能给你拖半年。"

保姆打开门，一个身材很高挑、很漂亮的女孩走了进来，手里还拉着一个有四个轮子的大旅行箱。

我看到沙纳的眼睛开始发光。老实说，这个女孩真的与众不同，她不但拥有模特的秀美身姿，宽宽的肩膀，修长的腰身，长相也很漂亮，皮肤白皙，顾盼神飞。

女孩通过客厅直接向内室的门走过去，李总忙转过身，跟她打招呼，女孩转身见到李总便把旅行箱放在内室门前的地上，摘下雪白的手套，大步走过来和李总亲切握手。

李总给我们做了引见，对张嫣说："这两位都是保险专家，沙先生还是保险公司的高管呢。我们正在讨论怎么给布加迪威龙买车险的问题，没有办好车险我怎么敢买你们的车啊，一旦丢了可就惨了。"

张嫣听说沙纳是保险公司的，冲沙纳粲然一笑。一边接过李总递来的合同文本，轻声问："我还有一小会儿时间，可不可以旁听一下。"

沙纳忙忙不迭地点头。保姆给大家的杯子添满了水就从右边的楼梯上楼去了。

张嫣坐到靠近阳台的沙发上，这个位置和李总正对面，离沙纳略近些，但和大家都保持了一定的距离，可以在闲谈的同时，欣赏客厅的每一处布置。

一股紫罗兰香水味幽幽地袭入三位男士的鼻孔，令人颇有些微微的醉意。

李总接着刚才的话题说："按你刚才说的，汽车保险就是保险公司对交通事故中造成的汽车损失负责赔偿呗。"

沙纳说："不仅如此。汽车保险包括基本险、附加险和特约条款三大类。"

沙纳拿起茶几上的纸笔画了一个草图。

沙纳解释说："基本险将一些风险和损失列为保险责任，在这个范围之内，保险公司负责赔偿，超出的部分，是在基本险当中不保不赔的，属于责任免除的范围。基本险责任免除范围中的部分风险，也是可保风

险，也就是说如果单独收取保险费，保险公司也可以赚钱，保险公司就将它列入附加险的保险责任，加费加保；当然附加险的责任也是有限的，超出附加险的保险责任，还有一些仍然是可保风险，保险公司将它列入特约条款，加费加保。”

我说：“可以打个比方，基本险是一个小筐子，价格低些但装的东西有限，你要是觉得不够大，就多花点钱给这个小筐子加个边缘扩扩容，附加险就出来了，还嫌不够大，就再扩扩，特约条款就出来了。当然，即使再扩容，容量也是有限的，大量的不可保的风险仍被列为汽车保险的除外责任。”

“对，很形象。”沙纳说，“基本险一般包括四类。第一类是车辆损失险，顾名思义，如果投保的车辆发生了汽车本身的损失，保险公司负责赔偿。当然并不是所有事故造成的损失保险公司都赔偿。那什么事故造成的损失保险公司才负责赔偿呢，主要包括最常见的碰撞、倾覆、火灾、爆炸、外界物体倒塌、空中运行物体坠落、行驶中平行坠落。”

基本险一般包括四类。

李总问：“空中运行物体坠落和行驶中平行坠落是什么意思呢？”

沙纳回答：“空中运行物体坠落是指由于天空中运行物体的坠落，如飞机的坠落或飞机坠人、坠物，或人造卫星、陨石的坠落，以及吊车、天车等操作失慎、失灵所致的坠落。”

李总问：“花盆从阳台上掉下去砸到停放的汽车，属不属于空中运行物体的坠落？”

沙纳答："自然不算，因为花盆本身不在空中运行。曾经发生过一个案子，高层楼房上空调室外机螺丝脱落砸坏了停在正下方的汽车，这个也不属于空中运行物体的坠落。不过即使不算空中运行物体的坠落，这些损失也是可以在车损险的责任范围内获得赔偿的，属于碰撞责任。在车险条款中，碰撞的定义是指'被保险机动车与外界物体直接接触并发生意外撞击、产生撞击痕迹的现象。包括被保险机动车按规定载运货物时，所载货物与外界物体的意外撞击。'而碰撞损失是包含在车损险之中的。"

碰撞的定义是指"被保险机动车与外界物体直接接触并发生意外撞击、产生撞击痕迹的现象"。

张嫣突然问："如果一个男生跳楼正好砸到一个女生，这算不算空中运行物体的坠落？"

这位美女还自来熟。大家都知道她说的是2007年南方一所大学里发生的奇事儿，都不禁莞尔。

张嫣自己则笑得有些夸张，咳嗽了几声，赶紧拿起自己面前的杯子喝了两口水，沙纳则赶紧将茶几上的纸巾盒推过去。

张嫣看到沙纳腕上的金表，不禁惊叹："好漂亮的劳力士，女朋友送的吧？"

沙纳不好意思地笑笑，卸下来递过去说："本打算送给一个女孩，可人家有男朋友了，不要我的表，只好自己将就着戴了。麻烦帮忙鉴定一下真假。"

张嫣在灯光下仔细甄别了片刻，然后递给李总，说"我觉得是真的，还是李总懂行，请李总鉴别一下吧。"

李总接过去，翻来覆去看了看，摇了摇头说："仿制货，非正品。"

沙纳竖起大拇指，赞道："到底是行家！"

"我做房地产以前，就是一'小倒'，靠贩卖名表赚了点钱，所以对这行有些了解。"李总将手表递还给沙纳，淡淡地说，"还是说我们的保险吧。"

沙纳接着说："保险条款中的坠落指'被保险机动车在行驶中发生意外事故，整车腾空后下落，造成本车损失的情况。非整车腾空，仅由于颠簸造成被保险机动车损失的，不属坠落责任。"

李总说："如果是翻车呢？"

沙纳说："翻车的专业术语叫做倾覆，保险条款上说倾覆是指意外事故导致被保险机动车翻倒（两轮以上离地、车体触地），处于失去正常状态和行驶能力、不经施救不能恢复行驶的状态。"

李总问："还挺严格的啊。保险公司还承担什么风险呢？"

沙纳说"还承保一些自然灾害所造成的汽车本身的损失，包括雷击、暴风、龙卷风、暴雨、洪水、海啸、地陷、冰陷、崖崩、雪崩、雹灾、泥石流和滑坡所造成的损失。"

张嫣问："车丢了保险公司赔不赔？"

沙纳说："那属于车损险的附加险——盗抢险的承保责任，比如李总今天给布加迪威龙买的保险中就有盗抢险，车一旦丢了，保险公司自然会赔偿。"

张嫣揉揉鼻子说："那李总可就踏实了。"

"那是自然，这就叫未雨绸缪。"李总说，"在北京保暴雨和雹灾挺重要的，我朋友的一辆车在路上让雹子给砸成麻子了，后来保险公司也给赔偿了。可是暴风、洪水、海啸、雪崩和泥石流在北京就很少见了，尤其是在市区，很多保险公司承保的自然灾害根本就不会发生。如果大海都啸到北京了，那世界末日就到了。保险公司承保了这些不可能发生的风险，是否也要收取相应的保险费呢？"

沙纳说："保险公司的保险单基本都是一张保单保全国的，所以即使在北京也要包括这些风险。比如，北京的确不会发生海啸，但沿海城市就有可能发生。"

李总说："我如果做汽车保险，我就不一张保单保全国，起码沿海城市和内陆城市的保单就有些区别，更有针对性，保费就会降下来。”

沙纳说：“如果北京的保费降下来，沿海城市的保费就有可能升上去，因为你在空间上分散风险的能力减弱了。”

李总想了想说：“这么说，还是低风险的人在为高风险的人买单，这不太公平，所以不科学。”

沙纳说：“其实保险本身就是这么一个机制。比如您车技好，开车谨慎，不出事，你缴纳的保险费就被那些车技差且不谨慎的司机用掉了，但你的保单和别人的保单还是一样的。”

李总说：“就不应该一样，现在保险公司不是也向一年都没有索赔的司机提供费率10%的无赔款优待吗？这在费率上已经是有所区别了。”

沙纳说：“是的，李总您说的有道理。中国正在向发达国家学习，将车险的费率制定得更科学一些，一个人来买车险，保险公司会根据驾驶员的因素和车辆的因素，分别确定不同的保险费率。如果你做车险，倒是可以在这方面做得更精细些。”

“我觉得李总很有做保险的潜质啊！”张嫣咯咯地笑着说，然后又是几声轻咳。修长的手指从沙纳面前的纸巾盒里取出一张纸巾。

好漂亮的手，几个大男人都有点看呆了。

张嫣觉得大家都在看她，有些不好意思，说：“今天给这辆车办牌照，花了整整一天的时间才办妥，总算没白忙。现在时间差不多了，我得去机场回上海给您的合同盖章去了，别耽误了航班。要到奥运了，机场的安检比较麻烦，得早点过去。可惜的是没能听够几位专家的高论，我对保险也非常感兴趣，希望以后能有机会向各位多多请教，呵呵。”

李总欣然送客。

张嫣优雅地甩了一下秀发，走过去拉起自己的大旅行箱。

沙纳想要帮忙，张嫣嫣然一笑表示感谢，说：“还是我来吧，小心‘倾覆’了。”

李总按了一下墙上的一个按钮，保姆从楼上下来，礼貌地送走了客人。

4 保险

4.1 责任免除

我们三个人继续坐下来讨论保险的问题。

沙纳说："汽车保险还有一条，载运保险车辆的渡船遭受自然灾害，如果有驾驶人员随车照料，也属于保险责任。"

李总笑说："这在北京这样的内陆城市，差不多是百年一遇的事了。我倒更关心哪些情况是保险公司不赔的，好像在汶川大地震中砸坏的车，保险公司就不赔。"

沙纳说："在保险术语中，那叫责任免除。车损险的责任免除一般包括：地震；战争、军事冲突、恐怖活动、暴乱、扣押、罚没、查封、政府征用；核反应、核污染、核辐射；本车所载货物的撞击、腐蚀；自燃及不明原因火灾。"

车损险的责任免除。

我解释说："将这些列为除外责任是因为有些风险和损失会超过保险公司的控制能力。其中一类是巨灾，比如地震和核污染，之所以要列为除外责任，这是因为地震和核子辐射等巨灾风险是保险公司无法承受的，单家保险公司无法承担大地震所造成的巨额损失，大地震的索赔足以导致保险公司破产。"

列为除外责任是因为有些风险和损失会超过保险公司的控制能力。

沙纳说："是的，比如汶川大地震，保险公司在财产保险上的赔付就不多，也是因为没有将地震损失列为保险责任。当然，保险公司也未曾收取承保地震风险的保险费，所以不赔付地震所造成的财产损失也是

公平合理的，就像没买盗抢险，车子丢了，保险公司不会赔偿一样。”

我接着说：“第二类是保险公司无法控制的风险和损失，不能准确计算出事故发生的概率，比如军事冲突、恐怖活动或暴乱是否会发生，规模多大，都难以估测，精算的条件不够，所以一般也不能承保。还有一类就是与投保人、被保险人一方的行为有密切关系的风险和损失，比如扣押和罚没、不明原因的火灾；再比如，本车所载货物的撞击、腐蚀，就和被保险人在车上装载什么样的货物、怎么装载有直接的关系，而这些却又常常超出保险公司的控制范围。保险公司将它们列为除外责任，目的主要在于规避投保人一方的道德风险。”

沙纳说："人工直接供油、高温烘烤；违反法律法规中有关机动车辆装载的规定，比如超载；被保险人或其允许的驾驶人故意导致事故发生的行为，都属于除外责任。"

李总说："除外责任还真不少。"

沙纳说："还多着呢。发生意外事故时，保险车辆有以下情形之一的，保险公司不负赔偿责任：除另有约定外，发生保险事故时无公安机关交通管理部门核发的行驶证、号牌，或临时号牌或临时移动证；未在规定检验期限内进行机动车安全技术检验或检验未通过；保险车辆在竞赛、检测、修理、养护，被扣押、征用、没收期间；所有权发生转移，未向保险公司办理批改手续。"

李总说："这都好理解，车辆不合法、不合格当然不赔，因为不合格、不适合上路的车辆容易给社会上其他人的生命和财产造成威胁，如果保险公司连这样的事故也赔，那无疑是在鼓励不合格的车上路。"

车辆不合法、不合格，当然不赔。

沙纳说："每年都有一些车辆因为没有年检而白花了保险费，没有年检将被视为不合格车辆上路，一切保险都不生效，所以车主一定要按时年检。"

我说："车辆的所有权发生转移应该及时向保险公司办理批改手续，主要也是控制风险。因为不同的车主，风险肯定是不一样的，所以车辆转让一定要通知保险公司，否则保单将失去效力，保险公司在事故发生后会拒绝赔偿。"

沙纳接着说："未依法取得驾驶证、驾驶证审验未合格、依法应当进行体检的未按期体检或体检不合格、驾驶与驾驶证载明的准驾车型不符的机动车的；驾驶人在驾驶证丢失、损毁、超过有效期或被依法扣留、暂扣期间或记分达到 12 分，仍驾驶机动车的；学习驾驶时无教练员随车指导的；实习期内驾驶公共汽车、营运客车或执行任务的警车、消防车、救护车、工程救险车以及载有爆炸物品、易燃易爆化学物品、剧毒或者放射性等危险物品的机动车的，或驾驶机动车牵引挂车的；饮酒或服用国家管制的精神药品或麻醉药品的；未经被保险人同意或允许而驾车的；利用保险车辆从事犯罪活动；事故发生后，被保险人或其允许的驾驶人在未依法采取措施的情况下驾驶保险车辆或者遗弃保险车辆逃离事故现场，或故意破坏、伪造现场、毁灭证据的；使用各种专用机械车、特种车的人员无国家有关部门核发的有效操作证，驾驶营业性客车的驾驶人无国家有关部门核发的有效资格证书；依照法律法规或公安机关交通管理部门有关规定不允许驾驶保险车辆的其他情况下驾车。”

李总叹道：“我都晕了，这么多，你怎么能记得住啊。”

我说：“这算不了什么，沙纳连很多法律条文都能一字不差地背下来，不信你试试。”

沙纳有些得意，说：“其实，我刚说的这些都很好记，一句话，如果开车人的不具备相应的资格和能力，比如无证驾驶或者开难度大或具有危险性的车，或者有违法、犯罪行为，保险公司都不赔，目的也是不鼓励这样的行为。”

李总点头沉思。

未发生车辆其他部位的损坏，只是车轮单独损坏的情况，保险公司是不赔的。

沙纳继续说：“责任免除条款还没完呢。保险公司不负责赔偿的损失和费用还包括：保险车辆的自然磨损、锈蚀、电气机械故障；倒车镜单独损坏、车灯单独损坏、玻璃——不包括天窗玻璃单独破碎、车身表面油漆单独划伤、车轮——包括轮胎及轮毂单独损坏。”

李总问：“等等，什么叫车轮单独损坏？”

沙纳说：“就是未发生车辆其他部位的损坏，只是车轮单独损坏的情况，保险公司是不赔的。如果除了轮胎外，还有其他部位的撞损，就赔。如果由于轮胎爆裂而引起的碰撞、翻车等事故，造成车辆其他部位的损失，保险公司也负责赔偿。”

李总说：“这个规定有点欠妥，有那么一点鼓励车主在车轮损坏的

基础上再撞撞别的地方的意思。”

“这样做一旦被保险公司识破，那也是不赔的。”沙纳接着说，“不赔的还有：保险车辆因遭水淹或因涉水行驶致使发动机损坏；保险车辆全车被盗窃、抢劫、抢夺，以及在全车被盗窃、抢劫、抢夺期间或由于被盗窃、抢劫、抢夺未遂受到损坏或车上零部件、附属设备丢失；遭受保险责任范围内的损失后，未经必要修理继续使用，致使损失扩大的部分；新车车辆出厂时的原厂配置以外新增设备的损失；市场价格变动造成的贬值、修理后因价值降低引起的损失；被保险人因保险车辆不能使用所遭受的损失以及发生的费用；因污染引起的损失或费用；停车费、保管费、扣车费及各种罚款；保险车辆的损失中应当由交强险赔偿的部分；保险单约定的免赔额以及根据保险单约定的免赔率计算的被保险人应当自行承担的损失部分。”

李总说：“这也太多点了吧。”

我说：“这些除外责任一般是可以通过附加险来承保的，比如全车盗抢险、玻璃单独破碎险、划痕险、过水险、不计免赔特约险等。”

李总说：“类似于拆出来单卖。”

沙纳说：“大概就是这么个意思。责任免赔中还剩下最后一条更关键，‘其他不属于保险责任范围内的损失和费用，保险公司不负责赔偿’。”

李总大笑：“有了这一条，你前面说的那一大段似乎都可以删掉了。除了保险责任范围内的损失和费用，都不赔，不就完了嘛！”

沙纳说：“看起来是，但把以上责任免除的内容列在保险单中，那就清楚得多了。而且，列上去的，在法院判案的时候一般没有争议，但如果没列，即使有最后这么一条，法院也未必就判保险公司不赔，这在国内外都是一样的，很多法官的判案原则是没列就得赔。所以，现实中所有保险公司都会发扬‘不厌其烦、不怕废纸’的精神，把除外责任一一列在保单上。”

李总说：“明白了，这最后一条是保险公司“耍赖”用的，但用不用得上，还得听法官的。”

4.2 第三者责任险

李总给每人倒了一杯咖啡，坐下来接着问：“主险还有哪些？”

沙纳说：“车辆损失险之外，您大概也知道，另一个主险是第三者责任保险。第三者就是投保人和保险人之外的第三方。”

沙纳接着说：“机动车辆第三者责任险是指在保险期间内，被保险人或其允许的合法驾驶人在使用保险车辆过程中发生意外事故，致使第三者遭受人身伤亡和财产的直接损毁，依法应由被保险人承担的经济赔偿责任的保险。”

第三者责任险是指在保险期间内，被保险人或其允许的合法驾驶人在使用保险车辆过程中发生意外事故，致使第三者遭受人身伤亡和财产的直接损毁，依法应由被保险人承担的经济赔偿责任的保险。

李总说：“有点拗口。”

“作为法律和合同术语，想不拗口也不太容易，因为一旦投保人和保险公司因为保险合同打起官司来，法院在判决的时候可是要根据法律条文和合同文本一个字一个字地抠字眼啊。”沙纳说，“比如说，‘被保险人或其允许的合法驾驶人’就很严格，曾经有一个十多岁的男孩把他爸爸的车弄着了，撞了邻居的大奔，这种情况保险公司是不赔的，如果被保险人把自己的车借给一个没有驾照的人开，出了责任事故，保险公司也是不赔的。”

被保险人或其允许的合法驾驶人。

李总说：“我明白了，保险公司字斟句酌原来就是减轻自己的责任，尽量少赔吧？”

我解释说：“主要还是想把责任界定清楚，省得出事后扯皮，该赔的赔，不该赔的不赔。保险公司除了投资外是不创造价值的，将不该赔的赔了，该赔的人就得不到及时合理的赔付，最后亏的还是所有的被保险人。”

沙纳说：“第二句‘在使用保险车辆过程中发生意外事故’也很严格，一定是在使用保险车辆过程中发生的意外事故，比如曾经有一个案例，被保险人的一辆小轿车中午停在小区，发生了自燃，一辆停在旁边的中巴车，也给连带着烤着火了。虽然小轿车主对中巴车的损失负有赔偿责任，但保险公司是不会替小轿车主承担中巴车的损失的，因为这不是小轿车在‘使用过程中’发生的意外事故，它停在停车场，而不是在‘使用过程中’。”

在使用保险车辆过程中发生意外事故。

李总点点头。

沙纳接着说："还有一个案例，发生在美国西海岸的高速公路上。甲老太太开的车快没油了，前不着村后不着店的，离加油站还很远。正着急呢，对面车道了来了一辆车，甲老太太赶紧停车下来靠到隔离带的护栏上向对面那辆车挥手，对面驾车的乙老太太不知道怎么回事儿啊，见有人跟自己打招呼就赶紧下了车，车就停在路中央，既没有放置警告标志，也没有打开危险报警闪光灯。因为两个车道之间有很宽的绿色隔离带，所以听不清对方在喊什么，两个人边喊着边往一起凑，都没有意识到风险。这时一辆大卡车飞速地冲了过来，刹车不及直接就撞到乙老太太的车上，造成卡车司机车毁人亡的惨剧。在这个案例中，保险公司也是主张不赔的，认为乙老太太的车辆是停驶的情况下引起的事故，不符合机动车辆第三者责任保险中'汽车在使用过程中发生的意外事故'的定义。但后来法院判决，保险公司要为乙老太太对卡车司机的民事赔偿责任买单，原因是乙老太太停车是临时的特殊情况，她的旅程尚未结束，即使车子停在了路上，仍然是在'使用过程中'。"

第三者责任险承担的责任限于第三者遭受人身伤亡和财产的直接损毁。

"是该赔啊，要是不赔，弄不好追了等红灯的前车都要自己掏腰包了，那还买第三者责任保险干什么呢？" 李总说，"以前我仅知道第三者责任险是车主的车造成了别人的人身和财产损失，保险公司替车主承担赔偿责任，没想到光一个定义就有这么多讲究啊。"

沙纳说："还有呢，定义里面说是'致使第三者遭受人身伤亡和财产的直接损毁'，要求第三者不能是被保险人或其允许的驾驶人以及他们的家庭成员的人身伤亡及其所有或保管的财产的损失。通俗地说，就是撞了自家人是不赔的。同时，车上人员的人身伤亡或本车上的财产损失也不是保险公司在第三者责任保险中应承担的赔偿责任。"

李总说："后半句我能理解，车上人员的人身伤亡有'车上人员责任险'来管，本车和本车上的财产损失主要由承保了车辆损失险和新

增加设备损失险条款来管。就像买药，感冒了买不含 PPA 的新康泰克，拉肚子买止泻灵，花什么钱，买什么药，治什么病，没有包治百病的处方。不过，我不明白的是为什么撞了家里人就不赔？”

我说：“主要是为了防止道德风险。撞了外人给赔，原因是保险公司的赔款不会进入致害者的腰包，而是给了受害者，致害者不能获得任何经济上的好处。但如果撞了家里人也给赔，保险公司的赔款就进了致害者自己的腰包，这就会对家庭成员的人身安全构成威胁，虽然这种事发生的概率极低，但杀害家人骗取保险金的事每年都在发生啊。保险作为一种互助机制，是要尽量避免道德风险的发生的，起码不能创造出对人民生命和财产构成威胁的道德风险，那样就偏离了保险制度的本意了。”

李总点头称是。

沙纳说：“还有，第三者责任险承担的责任限于第三者遭受人身伤亡和财产的‘直接’损毁，也就是说，保险车辆发生事故致使第三者停业、停驶、停电、停水、停气、停产、通信或网络中断、数据丢失、电压变化造成的损失以及其他各种间接损失，保险公司一律不赔。

比如说，一辆车撞进了一家理发店，店里面的人身伤亡和财产损失，保险公司是要赔的，但理发店因此歇业了，保险公司是不管因歇业所造成的损失的。”

李总说：“可以理解，那要赔真是个无底洞。”

沙纳说：“第三者责任险不赔偿的还有车载货物掉落、泄漏、腐蚀造成的任何损失和费用，因污染引起的损失和费用；比如北京西三环曾发生过卡车油料泄漏，导致十几辆汽车连环碰撞的案子，保险公司是不会为卡车司机应承担的对其他受损车辆的民事损害赔偿责任买单的。此外，第三者责任险不赔偿的还有第三者财产因市场价格变动造成的贬值、修理后因价值降低造成的损失；不赔偿有关的停车费、保管费、扣车费及各种罚款；更不赔偿保险事故引起的任何有关精神损害的赔偿。”

李总说：“谁要是撞了我的布加迪威龙，我的精神会受到严重摧残，看来是不能从肇事者的保险公司得到精神赔偿了。”

沙纳说：“最后一点需要注意的是，‘依法应由被保险人承担的经济赔偿责任的保险’，被保险人的赔偿责任要有明确的法律依据，比如交警出具的文件，法院的裁定等，而且仅限于经济责任，其他的民事责任和刑事责任一律不予承担。”

李总笑说："要是连刑事责任也要承担，那保险公司可就惨了去啦，保险公司的员工都去监狱替交通事故中的肇事者坐牢去了。"

4.3 交强险

李总给每个人的杯子里续上咖啡。接着问："交强险到底是怎么回事，都成了新闻热点了。"

沙纳说："第三者责任险分两大类，一类是商业责任险，一类是交强险。商业责任险可买可不买，但交强险是车主必须要买的。所谓交强险，全称是'机动车交通事故责任强制保险'，是指由保险公司对被保险机动车发生道路交通事故造成本车人员、被保险人以外的受害人的人身伤亡、财产损失，在责任限额内予以赔偿的强制性责任保险。"

机动车交通事故责任强制保险，是指由保险公司对被保险机动车发生道路交通事故造成本车人员、被保险人以外的受害人的人身伤亡、财产损失，在责任限额内予以赔偿的强制性责任保险。

李总说："这个交强险很有意思，自从出台后就没有消停过，闹得沸沸扬扬的。"

沙纳说："是的，自从 2006 年 7 月 1 日《机动车交通事故责任强制保险条例》开始实施，关于交强险的争议不断。但这也可以理解，毕竟是一个新生事物，其发展必然会有一定的曲折性，政府主管部门和保险公司都得有一个自我适应和自我改进的过程。现在听证会也开了，价格也降了，赔付限额也涨了，对低风险车主的优惠也有了比较详细的标准了，应该说三年来进步还是很大的。"

李总说："这也可以理解，就像人的成长，制度也是在容错和改错中逐渐完善的。我很欣赏那些和主管部门'叫板'的律师和媒体记者，他们提供了交强险得以改进的外部压力。"

4.4 车上人员责任险

李总打了个哈欠，将面前的咖啡一饮而尽，听沙纳继续说。沙纳说：“还有一个可以被列为基本险的保险是车上人员责任险，保的是在保险期间内，被保险人及其允许的合法驾驶人在使用保险车辆过程中发生意外事故，致使保险车辆车上人员遭受人身伤亡，对依法应由被保险人承担的经济赔偿责任，保险公司按照保险合同的规定负责赔偿。”

李总问：“这里的车上人员也包括车主和司机的家属吗？”

沙纳说：“包括。只要是发生交通事故造成车上人员人身伤亡或者产生的医疗费用，保险公司都按保险合同的规定进行赔偿。”

李总问：“这个保险好像是人身保险吧？”

沙纳说：“不，属于财产保险中的责任保险，虽然看起来保的是人身伤亡，但实际上保的是被保险人因乘客搭乘自己的汽车而可能出现的民事损害赔偿责任。也就是说，你好心好意让别人搭你的车，但一旦出了车祸，你对本车乘客是有民事损害赔偿责任的，只不过，买了车上人员责任险之后，有保险公司替你承担一部分损失罢了。”

李总说：“有时候心肠太好也惹麻烦。如果手太潮，还是少让人搭乘自己的车。”

沙纳说：“奥运期间，汽车单双号出行，好多人开始拼车，那个时候车上人员责任险，就很有价值了。”

李总说：“还真是的，可以解决比较大的一个问题。那这种保险在哪些情况下是不赔的呢？”

沙纳说：“车上人员责任险的除外责任和车损险的差不多，特别强调的是如果受害人与被保险人或其允许的驾驶人恶意串通，保险公司一旦查证属实，就不会赔偿了。其他的责任免除条款包括：因违章搭乘造成的人身伤亡，比如超载，五座的车坐了八个人。被保险人或驾驶人的故意行为造成的人身伤亡，比如故意撞墙。保险人及驾驶人以外的其他车上人员的故意行为造成的自身伤亡。”

李总说：“行车过程中，的确什么情况都可能发生。曾经有一个人坐长途汽车，在京沈高速上非要让司机停下来，让他上厕所，司机说等到下一个出口再停，这位乘客一听就急了，去抢司机的方向盘，结果发生了车祸。重庆刚发生的事故是说父母二人在驾车出门时在车上激烈争吵，14 岁女儿劝说无效后，从窗户跳下疾驰的汽车伤重身亡。”

沙纳说：“这种情况，保险公司都是不赔的。此外，本车上的人员因疾病、分娩、自残、殴斗、自杀、犯罪行为所致的自身伤亡；车上人员在车下时所受的人身伤亡，保险公司都不赔。”

李总说：“我觉得下车的时候，应该赔，一旦下车之后，他就不是乘客了，保险公司才能免除车上人员责任险的赔偿责任。”

沙纳说：“您这么说是有道理的，在实际赔偿的过程中，一般也以车门为界，落地之后才不再是车上人员了。保险公司在保险合同中这样规定实际上还是希望促使乘客下车的时候小心些，只要车停的位置恰当，乘客等车停稳再下，并向车后方多看上两眼，一般就不会出问题了。”

李总问：“还有吗？”

沙纳说：“有。保险车辆被抢夺、抢劫过程中造成的人身伤亡；保险事故引起的任何有关精神损害赔偿；应当由交强险赔偿的损失和费用；根据保险单约定的免赔率计算的被保险人应当自行承担的部分。”

李总说：“也就是说别的险种比如盗抢险和交强险中要赔的，车上人员责任险就免赔了呗，那汽车保险的附加险都有什么，我常听说的‘全险’到底是个什么意思呢？”

4.5 附加险

全险不过是一个通俗的说法，保险合同中没有这个概念，而且也并非所有附加险都包括在内了。

沙纳说：“全险不过是一个通俗的说法，保险合同中没有这个概念，而且也并非所有附加险都包括在内了。”

李总说：“意思是并没有什么都保的险种，而且全险不全？”

沙纳说：“是的。首先，全险不是一个险种，而是指比较全面的车险保障。按照一般的理解，如果包括了四个基本险和几种常见的附加险，而且还不计免赔，就可以称为全险了。”

李总问：“常见的附加险有哪些？”

沙纳说：“汽车保险的附加险很多，比如有玻璃单独破碎险、车身划痕损失险、自燃损失险、基本险不计免赔率特约条款、附加险不计免赔率特约条款、车辆停驶损失险、代步车费用险、新增加设备损失险、车上货物责任险、车载货物掉落责任险、附加油污污染责任险、交通事故精神损害赔偿险、全车盗抢附加高尔夫球具盗窃险、特种车特约险、多次事故免赔特约条款等。全险一般要包含前五种。”

李总说：“这么多附加险，麻烦你把主要的逐个解释一下吧。”

玻璃单独破碎险是车辆损失险的附加险。

沙纳说：“玻璃单独破碎险是车辆损失险的附加险，已投保车辆损失险的车辆方可投保该附加险。在保险期间内，保险车辆在使用过程中，发生本车挡风玻璃或车窗玻璃的单独破碎，保险公司按实际损失赔偿。”

李总问：“后玻璃窗破损不算吗？”

沙纳说：“保险条款规定，玻璃单独破碎是指未发生被保险机动车其他部位的损坏，仅发生被保险机动车前后挡风玻璃和左右车窗玻璃的损坏。”

李总问：“车里放了个大面包，大概是乞丐饿了，砸了窗玻璃拿走了面包，这个给赔吗？”

沙纳说：“找不到乞丐来赔，保险公司就得赔。”

李总又问："如果倒车镜的玻璃刮碎了，保险公司给赔吗？"

沙纳说："灯具、车镜玻璃破碎；以及安装、维修车辆过程中造成玻璃的破碎都是不赔的。"

李总说："为什么呢？"

沙纳说："灯具和车镜玻璃破碎的损失小，而且不容易定损，所以不予承保；而安装和维修过程中造成的玻璃破损，那是维修人员的责任，谁的责任，谁承担损失。"

李总说："有道理。"

沙纳说："车身划痕损失险也是车辆损失险的附加险，在保险期间内，保险车辆发生无明显碰撞痕迹的车身表面油漆单独划伤，保险公司按实际损失负责赔偿。它的除外责任包括：被保险人或驾驶人的故意行为造成保险车辆的损失；他人因与被保险人或驾驶人及其家庭成员发生民事、经济纠纷造成保险车辆的损失；车身表面自然老化、损坏；其他不属于保险责任范围内的损失和费用。保险公司一般每次赔偿实行15%的绝对免赔率，也就是说车主要自己承担15%的损失；而且划痕险都有一个最高累积限额，在保险期间内，保险公司赔偿金额累计达到赔偿限额时，保险责任终止，再划了就不赔了。"

车身划痕损失险也是车辆损失险的附加险。

李总问："如果我的车被邻居的小孩划了，我又无法确定是哪一个孩子划的，找不到赔偿人，这种情况下，保险公司给赔吗？"

沙纳说："真的找不到，保险公司就要赔了，要不这划痕险也就没有什么大用了，但这时候要有一个免赔额，保险公司不是全赔的。"

李总说："自燃损失险应该是很有必要的吧？"

沙纳说："自燃损失险也是车辆损失险的附加险，在保险期间内，保险车辆在使用过程中，在没有外界火源的情况下，因本车电器、线路、油路、供油系统、供气系统发生故障及运载货物自身原因起火燃烧，造成保险车辆的损失，以及被保险人在发生本保险事故时，为减少保险车辆损失所支出的必要合理的施救费用，保险公司负责赔偿。”

李总问：“如果有人偷偷地把我车的给点着了，我又不知道是谁，自燃损失险肯定也不赔了？”

外界的火源造成车辆的燃烧，虽然自燃损失险不能赔偿，但车损险会赔。

沙纳说：“这属于外界的火源造成车辆的燃烧，虽然自燃损失险不能赔偿，但车损险会赔。”

“对了，车损险是主险，自燃险都有了，车损险肯定也有了。”李总接着问，“什么叫‘必要合理的’施救费用？”

沙纳说：“这和其他法律比如民法、合同法所指的‘必要合理的’是一致的，概括起来很难，但现实中却也并不十分复杂，一般讲就是一个正常人，或者大家公认它是必要合理的，那它就是必要合理的。比如，城门失火，就要用护城河里的水来灭火，因而就要殃及池鱼，大家都认为它是必要合理的损失。但如果护城河里面养的都是扬子鳄等国家一级保护动物，而城门烧了也没关系，既不会伤人，也不会有太大的财产损失，这个时候再把河里的水舀干救火，干死了扬子鳄，恐怕就不是必要合理的费用了。”

李总说：“明白了，那自燃损失险的责任免除都有哪些方面呢？”

沙纳说：“责任免除包括：被保险人在使用保险车辆过程中，因人工直接供油、高温烘烤等违反车辆安全操作规则造成的损失；因自燃仅造成电器、线路、油路、供油系统、供气系统的损失；运载货物的损失；被保险人的故意行为或违法行为造成保险车辆的损失。每次赔偿一般实行 20% 的绝对免赔率。”

绝对免赔率是保险公司不予赔偿的比率。

我补充：“绝对免赔率是保险公司不予赔偿的比率，和它相对应的一个概念是相对免赔率。在足额保险，也就是保险金额等于保险价值的情况下，如果绝对免赔率是 20%，那不管损失是多少，保险公司只赔偿 80%的损失，剩下的 20% 是‘绝对’不赔的；如果相对免赔率是 20%，当损失超过 20% 的时候，保险公司赔偿全部损失；而如果损失低于20%，保险公司一分都不赔。”

李总说：“免赔额的意思是设了一个门槛，比如，如果绝对免赔额是100块钱，保险公司只赔门槛之内的，比如损失是101块钱，保险公司只赔1块钱；如果是相对免赔额，只要过了门槛，保险公司就都赔，比如损失还是101块钱，保险公司就要赔偿101块钱，对吗？”

“非常正确。”沙纳说，“车辆损失险的附加险中还有一个车辆停驶损失险。在保险期间内，保险车辆在使用过程中，因发生车辆损失险所承保的保险事故，造成车身损毁，致使保险车辆需进厂修理，造成保险车辆停驶的损失，保险公司按保险合同规定在赔偿限额内负责赔偿。”

车辆损失险的附加险中，还有一个车辆停驶损失险。

李总说：“车辆被罚没、扣押、查封期间的损失肯定是除外责任了。”

沙纳说：“对，责任免除的条款还有：因车辆修理质量不合要求，造成返修期间的损失，以及其他附加险项下发生保险事故时造成车辆停驶的损失。”

李总说：“后一半很厉害，车辆自燃啊，玻璃破损啊，所造成的车辆停驶损失，保险公司也是不赔的。那赔偿额呢？”

沙纳说：“在保险期间内，赔偿天数累计计算，赔偿限额以投保人与保险公司投保时约定的赔偿天数乘以约定的日赔偿金额为准，但一般约定的最高赔偿天数为90天。”

李总说：“如果这车撞得没法要了，全损了，那还赔吗？”

沙纳说：“赔。全损就按保险单约定的最高赔偿天数计算赔偿金额。一般来说，每次事故的绝对免赔额为一天的赔偿金额。”

李总问：“还有什么附加险来着？”

沙纳说：“常见的还有代步车费用险、新增加设备损失险、车上货物责任险、车载货物掉落责任险、附加油污污染责任险、交通事故精神损害赔偿险、全车盗抢附加高尔夫球具盗窃险、特种车特约险、多次事故免赔特约险、基本险不计免赔率特约险、附加险不计免赔率特约险。”

李总说："还真不少。"

沙纳说："代步车费用险承保的是车辆发生保险事故后需进厂修理，被保险人租用代步车发生的费用。新增加设备损失险承保的是车上新增加设备的直接损毁造成的损失；车上货物责任险承保的是车辆发生保险事故，被保险人所应承担的车辆上所载货物的损失；车载货物掉落责任险承保的是保险车辆所载货物从车上掉落，造成第三者人身伤亡或财产的直接损毁，依法应由被保险人承担的经济赔偿责任；附加油污污染责任险承保的是由于保险车辆或其他机动车辆自身油料或所载油料泄漏造成道路路面的污染损失及清理费用，依法应由被保险人承担的经济赔偿责任。"

李总说："油罐车最好投保这个险种。"

沙纳接着说："交通事故精神损害赔偿险承保在保险期间内，保险车辆在使用过程中，因发生交通事故，致使第三者的伤残、死亡或怀孕妇女意外流产，受害方据此提出精神损害赔偿请求，依照法院判决应由被保险人承担的精神损害赔偿责任。而全车盗抢附加高尔夫球具盗窃险则承保的是在保险期间内，被保险人存放于保险车辆之中的高尔夫球具与保险车辆同时遭受盗窃、抢劫、抢夺以及车辆失窃寻回后的球具丢失。"

4.6 不计免赔

李总说："我觉得这些都比较好理解，不过，不计免赔率特约险到底是个什么意思？"

沙纳说："其实也很简单，前面的各个险种都有自己的免赔率，比如车辆损失险一般规定：'保险车辆方负全部事故责任的，事故责任比例不超过 100%；保险车辆方负主要事故责任的，事故责任比例不超过 70%；保险车辆方负同等事故责任的，事故责任比例不超过 50%；保险车辆方负次要事故责任的，事故责任比例不超过 30%；保险车辆方无事故责任的，保险公司不承担赔偿责任。’全车盗抢险的免赔率一般为 20%。”

李总说：“免赔的部分就是被保险人自己承担的部分？”

沙纳说：“对。第三者责任险的免赔率多少有点复杂，计算方法是：当被保险人应负赔偿金额高于赔偿限额时：赔款＝赔偿限额 ×（1－事故责任免赔率）×（1－绝对免赔率）；而当被保险人应负赔偿金额等于或低于赔偿限额时：赔款＝应负赔偿金额 ×（1－事故责任免赔率）×（1－绝对免赔率）。其中，被保险人应负赔偿金额为第三者人身伤亡或财产损失依法应由被保险人承担的经济赔偿责任超过交强险各分项限额以上的部分，乘以事故责任比例。”

李总说：“好像也没什么复杂的，无非是有两个免赔率，一个是事故责任免赔率，一个是绝对免赔率，都算上就得了。”

沙纳说：“您已经抓住了问题的实质。同样，其他的基本险和附加险保险公司都规定有免赔率，如果这些免赔的部分你还是不想自己承担，那就买相应的不计免赔险就可以了。”

李总说：“实际上就是你投保人多拿些保费来，我保险公司就一股脑全给你包了。”

有些免赔就是多交保费也不能豁免。

沙纳说：“不完全正确。为防止道德风险，有些免赔就是多交保费也不能豁免，比如，保险车辆全车被盗窃，因原配的全套车钥匙缺失而增加的免赔金额就必须由被保险人承担；还有，保险车辆全车被盗窃、抢劫、抢夺，因被保险人如不能提供机动车登记证书、机动车行驶证、购车发票等机动车来历证明、车辆购置税完税证明或者免税凭证而增加的免赔金额；因应当由第三者负责赔偿但无法找到第三者而增加的免赔金额；因违反法律法规中有关机动车辆装载规定而增加的免赔金额；因保险车辆实际行驶区域超出保险单的约定范围而增加的免赔金额；因投保时指定驾驶人但保险事故发生时为非指定驾驶人驾驶保险车辆而增加的免赔金额，因提供的指定驾驶人信息不真实而增加的免赔金额；根据多次事故免赔特约条款的绝对免赔率计算的应当由被保险人自行承担的免赔金额。”

李总再次叹道：“到底是专家，你是怎么记住的？”

沙纳说：“因为我不觉得这东西枯燥，真要发生赔案，这可都是钱啊，是真金白银。”

5 奇案

墙上闹钟的音乐悠然响起，已经是晚上 11 点了。李总站起来给每人又加了一杯咖啡。

沙纳说：“刚才说了这么多，对你的布加迪威龙来说，最重要的是全车盗抢险。全车盗抢险也是汽车保险的基本险之一。它的保险责任包括：保险车辆全车被盗窃、抢劫、抢夺，经县级以上公安部门立案侦查，自立案之日起满两个月未查明下落的；还有保险车辆在全车被盗窃、抢劫、抢夺后受到损坏或因此造成车上零部件、附属设备丢失需要修复的合理费用；以及保险车辆在全车被抢劫、抢夺过程中，受到损坏需要修复的合理费用。”

全车盗抢险也是汽车保险的基本险之一。

李总问：“全车盗抢险里的‘全车’的意思是什么，如果车轮子被偷去了，赔不赔？比如今年 2 月份，我南京的一个朋友新买的一辆轿车夜间在酒店的停车场被人卸去了四个轮子，车身用砖头顶起架在那里，

这种情况保险公司赔不赔呢？”

沙纳说：“如果他买的是全车盗抢险，那自然是不赔的。保险条款说得明白，‘非全车遭盗窃、抢劫、抢夺，仅车上零部件或附属设备被盗窃、抢劫、抢夺、损坏’是除外责任。而且，盗抢险的保险标的是车辆本身，如果车内的其他财产被盗抢，比如现金、笔记本电脑等，也包括后备箱内的东西丢失，保险公司都不赔。所以车主要自己多加小心，特别是后备箱，那可不是保险箱，有犯罪团伙专撬后备箱，20 秒就可以打开，速度快极了——布加迪威龙也许是例外，估计不太容易撬吧。”

李总说："撬开威龙的后备箱肯定没那么容易，没有钥匙开走那就更不可能了。"

"零部件丢了，比如发动机被撬了，保险公司也不是一概不赔，对于保险车辆在全车被盗窃、抢劫、抢夺后受到损坏或因此造成车上零部件、附属设备丢失需要修复的合理费用，保险公司负责赔偿。当然了，这是指在被盗车辆最后被追回的情况下，否则，保险公司应按约定赔偿全车损失。"沙纳说，"不过，在被盗窃、被抢劫、被抢夺期间，保险车辆发生交通事故造成第三者人身伤亡或者财产损失的，保险公司不负责赔偿，窃贼开车说不上怎么开呢，保险公司承担不了这个责任。"

李总说："那谁来承担呢，窃贼撞了人，原来的车主也没责任啊。"

沙纳说："根据最高人民法院的司法解释，被保险人也不承担赔偿责任，而应由肇事人——大多数情况下为实施盗抢的犯罪嫌疑人，也可能是犯罪嫌疑人允许的其他人员，负责赔偿。"

李总说："也就是说窃贼既要承担刑事责任，也要承担民事赔偿责任。"

沙纳说："除一般车险的除外责任外，在盗抢险中，因民事、经济纠纷导致保险车辆被盗窃、抢劫、抢夺，保险公司也是不赔的。比如，车主欠人家的钱不还，债主就把车给偷着开走了，在这种情况下，保险公司也不负责赔偿。"

李总说："要是赔的话，这倒是一个偿还债务的好办法，我不是欠你钱吗，你把我的车'偷'走吧，保险公司再赔我一辆。"

"保险公司是不能当这个冤大头的。"沙纳说，"为防止道德风险，承租人或经承租人许可使用保险车辆的驾驶人与保险车辆同时失踪的，保险公司也不赔。"

李总问："如果我的车丢了，保险公司已经赔了我，公安局又给我找着了，我再把保险金退回保险公司？"

沙纳说：“ 被盗抢的保险车辆找回后，如果保险人尚未赔款的，应将该车辆归还被保险人，但是全车被盗抢期间，车辆受到的损坏或车上零部件、附属设备丢失需要修复的合理费用，保险公司负责赔偿。如果保险人已经赔偿，应将车辆归还被保险人，同时收回相应赔款。若被保险人不愿收回原车，也可以，保险金还归你，但车辆的所有权益都归保险公司。”

李总说：“这倒公平合理。”

沙纳补充：“一般而言，全车盗抢险的免赔率是20%，也就是说保险公司只赔偿80%，车主自己承担20%。目的仍然是激励车主看护好自己的车，防止道德风险。而且，保险公司一般规定，全车盗抢险索赔时，被保险人丢失行驶证、购车原始发票、车辆购置附加费凭证，每一项增加0.5%的绝对免赔。丢失车钥匙增加5%的绝对免赔。所以车主最好不要将这些物品也放在车里跟车一起丢掉，否则那损失就大了。”

一般而言，全车盗抢险的免赔率是20%。

李总说：“不过方便了窃贼，转卖起来很方便。”

大家笑。不知为什么，夜晚的笑声在空旷的客厅里回荡着，听起来有些诡异。

李总站起身来，一口饮尽了咖啡，说：“今天收获不小，两位都是车迷，我们现在出去飙车好不好。”

北京是首都，也是“首堵”，白天是不可能飙车的，只有夜间才行。

沙纳异常兴奋：“太棒了！”

李总说：“钥匙在里间，我去拿。”

沙纳跟我说：“我就知道有这个保留节目，让咱们哥们也过过瘾吧，呵呵。”

里间的翻动东西的声音变得急促而响亮。

不一会儿，李总冲出来说：“我的车钥匙不见了。”说完打开房门奔向车库。

我和沙纳也跟了出去。

车库的门大开着，李总摸索着按动墙上的开关。灯光大亮，布加迪威龙已经踪影皆无。

李总眉头紧锁，呆愣愣地站在那里足有半分钟，喃喃地说："报警吧。"

沙纳给陆彤挂了电话。半个小时后，陆彤和骆风来到现场。

骆风问："钥匙放在什么地方？"

李总仍然很沮丧，说："库房的钥匙有两把，我一把，小保姆汤瑾一把。布加迪威龙的钥匙应该也有两把。代理商给了我一把，另一把还留在代理商那里。明天合同签完之后，我才能拿到另一把钥匙。我的钥匙和车的钥匙都放在客厅的里间。"

小保姆汤瑾早已下来，手里拿着车库的钥匙，递给陆彤。

征得李总同意，大家进入客厅的里间。

里间也很大，至少有 80 平方米，书房加卧室的格局，一扇玻璃屏风将两个空间象征性地隔开，有宽大的双人床、高大的书柜和宽阔的写字台。室内干净整洁，灯光柔和，很温暖的感觉。窗子全部紧闭着，外面都有护栏，没有被破坏的痕迹。可以说，这是一个封闭的空间，而李总放在书桌上的两把钥匙却不翼而飞了。

在陆彤的要求下，李总和小保姆领着大家又上楼分别查看了二层和三层的房间。二层整个是一个健身房，各种健身器械应有尽有，看来李总是一个很爱好运动的人。三层分为四大间，最左边的小间是小保姆汤瑾的房间，里面布置得很简单，但也同样干净整洁。

李总介绍说，其余的三间分别是太太和孩子的卧室，不过孩子在美国读书，太太在那里陪读，已经大半年都没人住了。还有一间是客房，一旦有客人来需要住宿，就在这里休息。

从楼上下来，骆风请李总带他再到车库去看看。

陆彤则坐在客厅的沙发上，幸灾乐祸地看了我和沙纳一眼，说两位也要暂时被列为重点嫌疑对象了，还请配合警方的调查。

我摇头苦笑说：“你这小丫头，有什么要问的尽管说。”

沙纳说“可以肯定的是，在我们说话的时候，有人打开了车库的门，开走了布加迪威龙。但是谁、怎么样将车开走的却是个待解的谜题。”

陆彤问：“你们觉得有几种可能？”

需要整理一下思绪，这是一个很奇怪的案例。

在这寂静的夜晚，觉得自己似乎置身于一部推理小说的场景之中。思维受到刺激，异常活跃。

我说：“第一种可能，李总的钥匙根本就没放在客厅的里间，而是交给另一个人将车开走了。他请沙纳和我来这里的目的有两个，一个是证明他没有时间作案，再一个就是他想了解一下，如果车丢了，保险能起到什么样的作用，代理商承担什么责任，他自己承担什么责任。而这一切本身就是一个阴谋。”

陆彤笑吟吟地问：“那第二种可能呢？”

我说：“第二，小保姆趁我们没注意，或者在我们来之前就拿走了客厅里间的钥匙，然后我们谈话的时候，通过楼上的窗户将钥匙扔给了一个人，那个人开走了布加迪威龙。”

陆彤问：“还有什么可能吗？”

我说：“代理商那里也有一把钥匙，也有可能是他们的人偷走了布加迪威龙。可是代理商没有库房的钥匙，没有钥匙库房的门是很难打开的。这种可能性不太大。”

陆彤问：“还有吗？”

我说：“再有就是遇上了盗车的高手，没有钥匙也能打开库房门、开走车。”

“越说越不靠谱，没有钥匙也能开走的车还敢卖 2500 万元？”陆彤摇着头慢悠悠地说，“有没有可能是一个买车的富翁和两个买不起车的车迷，串通一气，共同作案。两个车迷还是两个所谓的‘保险专家’，他们一起想辙，想让保险公司当冤大头，然后大家共同拥有这辆名车，可以经常出去飙一飙？”

沙纳和我对望一眼，哈哈大笑：“小丫头的想象力真是很丰富的哟。”

第2章

御风而行

保险知识点

1. 保险诈骗
2. 保险金额的选择
3. 车身划痕险条款
4. 免赔额
5. 无过失责任险
6. 保险条款：A款、B款、C款
7. 保险价格
8. 费率优惠

1 搏杀

好在沙纳的宝马没人偷。我们从李总的别墅出来，开上宝马跟在陆彤和骆风的警车之后。沙纳说："看来有布加迪威龙在旁边放着，咱们的宝马连锁都不用锁。"

从别墅区开到不远处高速路的入口，前面的警车停了下来。

陆彤和骆风下车来到我们车窗边。骆风说："你们先回城吧，我们再回别墅去看看。"

沙纳眨眨眼睛说："好玩啊。可不可以带着我们。"

陆彤迟疑了一下，望向骆风。

骆风点点头："好吧，有一条，要听从我们的指挥。"

找了好半天，骆风才将警车停在路旁的一小片比较隐蔽的空地上，沙纳也把车并排泊在警车旁边。然后，我们四个人徒步返回别墅。

大概还有 100 米的距离。骆风和陆彤打了个手势，四人隐藏到了路基外的矮树后，向别墅张望。陆彤则从挎包里取出一架带有夜视功能的小型望远镜调好焦距静静地观察。一切静悄悄的，只有一层的灯还隐约亮着。

过了大约 20 分钟，一层的灯相继熄灭。一个高大的人影沿着楼梯走上三楼。最左边房间的灯亮了一下，随即熄灭。

看到这里，大家互望了一眼。每个人都知道，三楼最左边是小保姆汤瑾的房间……

好长时间，楼上一直没有声息，只有楼道的灯光依然亮着。

骆风跃起向小楼逼近，陆彤紧紧跟上，我和沙纳也紧随其后。

骆风在靠近车库的土坡上蹲下来，向大家招手，四个人聚拢到他的旁边。这个地方居高临下，却非常隐蔽，整个别墅的风吹草动都可以尽收眼底。

又过了很长时间，没有任何情况发生。小保姆汤瑾的房间也寂寂无声，没有任何异样。

一轮明月挂在高空，远山近树，高高低低，黑影憧憧，北京西郊的夜静谧而神秘，对于我们这些生活在城市中心的人来说，这样的夜色已经是久违的了。大家干脆坐下来欣赏这美好的夜景。

又过了一阵，骆风说，看来今晚不会有别的收获了，我们得撤退了。陆彤则有些迟疑，说再等等看看。正在这时，一阵轻微的马达声由远及近，一辆轿车的轮廓逐渐清晰。

轿车在500米远的地方停了下来。车上下来四个身着黑色衣服的人，蹑手蹑脚地向小楼包抄过去。月色下，寒光闪动，其中的两个人拿着匕首，另两个人的手里好像是短枪。

只见三个人轻巧地翻过别墅的围栏，迅速贴近一层的阳台，另一位则留在外面望风。

大概二三分钟的样子，阳台的窗子就被撬开了，三个人相继钻了进去。

骆风向沙纳和我打了个不要动的手势。躬身沿着山坡的树丛，向小楼移动，陆彤把望远镜递给我，掏出手枪，紧紧跟在骆风后面。

我用望远镜观察那个留下来望风的人。只见这个人东张西望了一会儿，点燃了一支烟。两手扶着护栏向里面张望。

突然，那个人身后的树丛里一条人影飞掠而出，以迅捷无比的速度向望风的那个人右颈切了一掌。望风的人立刻如软泥般瘫了下去。后面一个娇小的身影跃出，麻利地用手铐将晕过去的人铐在围栏上。

望远镜里出手的正是骆风和陆彤。好快的身手！

骆风轻轻地越过护栏，灵巧地从阳台被撬开的窗子钻了进去，陆彤仍然紧随其后。

沙纳拉了拉我的衣服，轻声问："我们要不要去帮个忙？"

我迟疑了一下，轻声地说了一声走，就和沙纳滑下土坡，学着骆风和陆彤的样子，蹑足潜踪，向小楼奔去。

刚跑到楼前，楼里传出"砰砰砰"的一阵乱枪，三层汤瑾房间的玻璃“哗啦”一声碎裂了，一条黑影从破窗中一跃而出，正落在我们面前。我趁那个人尚未站稳，全身奋力撞了过去，黑影跌倒，在地上滚了几滚，急切间向冲过来想按住他的沙纳扣动了扳机。砰的一声闷响，沙纳跌坐在地上。那个人迅速地滚下山坡，眨眼间消失在河谷之中。

骆风和陆彤打开大门从一层冲了出来，向坡下看了看，转身围在沙纳身边。沙纳好像是左肩中弹，鲜血汩汩地向外流淌。陆彤扯开他的衣襟，撕下他的衣袖裹住伤口，骆风则在他伤口附近的几个穴位上猛戳了几下。

骆风和我抬着沙纳进入一层客厅，把他放在刚才还坐过的沙发上。陆彤拨打120。

骆风气哼哼地说了一声：“添乱！”便迈步上楼。

三层的楼道里躺着两个黑衣人，一个腿部中枪，手被铐在楼梯的栏杆上，不住地呻吟。

另一个则蜷缩在地板上，一动不动，骆风过去把他也铐在栏杆上。

汤瑾的房间则是一片狼藉，碎玻璃到处都是。李总只穿着睡衣坐在床上，旁边是瑟瑟发抖的小保姆。

2 求救

落霞山庄。

皮尔森教授斜倚在硕大的沙发上听我和陆彤讲述关于布加迪威龙的案子和前天夜晚的历险。

皮尔森眉头紧锁，静静听着，一语不发。

待我和陆彤把案情和个人的想法说完，皮尔森才说："看来和保险相关的案子在中国已经进入了一个多发期，我这次来就是受沙纳所任职的保险集团的财产保险子公司之约，来帮忙分析一个系列保险骗赔案件的，经过一个多月的调查，已经有些眉目了。"

皮尔森站起来，在室内踱了两圈，沉吟着说："你们这个案子比较复杂，听起来有点像美国的黑帮在作案。破案可能还得从那个富翁和保姆的社会关系着手。好在你们已经抓到了其中的三个人。"

陆彤说："他们都已经招了。案情看起来还比较清楚，这四个人之中有一个是小保姆的男朋友，来自辽阳农村，跑掉的那个人是他的姐夫，有犯罪前科，其余被抓住的两个人是他姐夫的朋友。这些人经常聚在一起，有枪，似乎有黑社会团伙的性质。案件的起因是小保姆的男朋友怀疑小保姆和富翁李某的关系不正常，所以请姐夫约了两个帮手夜入别墅，如果真像他们怀疑的那样就将李某和小保姆杀死，然后洗劫别墅。"

皮尔森说："没想到正好被你们撞见，李某丢车这件事正好救了他的命。"

陆彤说："是的。现在警方正在缉拿逃掉的那个持枪人，沙纳的肩膀被他射中，现在还在医院躺着呢，不过已经没有大碍。"

皮尔森说："等允许探视了，我们一起去看看他，这回这家伙的意外伤害险可是能派上用场了。"

"沙纳这个倒霉蛋就是因为去别墅充当保险专家才卷进来的。"陆彤冲我努努嘴，"还有他，好为人师！"

我说："我们本意是去摸摸布加迪威龙，谁知道跟黑社会干上了呢？"

陆彤说："这个案子和汽车被盗案一块发生似乎是巧合，从目前掌握的信息看，两者没有直接的联系。前面那个案子既然已经很清楚了，现在的关键点还是汽车盗窃案。"

皮尔森说："如果仅仅是钥匙在密室中不翼而飞这样一个案子，也算不得神奇，世界上的密室杀人案多了去了，丢把钥匙算什么呢？这个案子奇就奇在布加迪威龙这样一个容易辨识，开到世界上任何地方都非常惹眼的车，盗车者偷它的目的是什么呢？一个不能开出去的车，不过是个有些观赏价值的模型而已，有什么意义呢？"

陆彤说："是啊。如果是我，我宁愿偷沙纳的宝马，改头换面就能开，也好销赃。而且一旦被抓，涉案金额又不太大，在里面蹲几年就出来了。可这布加迪威龙的案值是2500万元，中国《刑法》的第264条写着呢，盗窃数额特别巨大，处10年以上有期徒刑或者无期徒刑，并处罚金或者没收财产，实在是犯不着啊。”

皮尔森缓缓地说：“事主为了骗取保险金，制造赔案的可能性也不是没有。不过现在还不清楚这个案子都牵涉哪些保险公司，国外的生产商、国内的代理商和交了一半车款的车主都买了什么样的保险，所以还不好推断问题出在什么地方。这个案子可能还得靠你们中国刑警慢慢查访，请你们要特别注意本案中可以获得保险公司大量赔款的被保险人。我希望能发现其中骗保骗赔的蛛丝马迹，从而顺藤摸瓜，使案子的真相大白于天下。”

陆彤说：“如果有任何新的情况，我会随时向您通报，再次感谢您的鼎力相助。”

皮尔森说：“那也不用客气，维护社会秩序，惩戒犯罪分子是每个人的职责所在，那是不分国界的。”

我和陆彤向皮尔森告别。

出门之前，皮尔森突然对陆彤说：“美国就有专门针对富翁的犯罪团伙。请不要将这起入室抢劫案当做一个偶然、孤立的案件对待。”

陆彤沉思片刻，轻轻地点了点头。

3 自驾游

皮尔森本次中国之行还有一个目的是游山玩水。

教授抱怨说每次来中国都公务繁忙，为了案件或者课题，困在落霞

山庄里苦思冥想。这一回保险公司有意请皮尔森在工作之余休闲一下，自主选择一些旅游城市，转一转。皮尔森很高兴，说这回一定要补偿一下，看看物华天宝的中华大地美丽的自然风光和历史悠久的人文景观。

我向皮尔森建议我们来个自驾游，我导师这段时间在国外做研究项目，他的那辆荣威550正好由我代管。皮尔森欣然同意。

沙纳的伤恢复得很快，听说皮尔森教授要和我去旅游，非要跟我们一起去，于是我帮他办理了出院手续。

我有点纳闷，沙纳并不是一个爱旅游的人，而且伤还没有痊愈，谁来驾车呢？沙纳神秘兮兮说这个你不用担心，司机早就找好了。

谜底在出发的那天早上揭开。当我和皮尔森教授到了达沙纳的住所，看到沙纳坐在宝马车副驾驶座位上，开车的是一个穿红色风衣的女孩，打扮得有些妖艳。仔细一看，不是别人，正是那天晚上曾在李总别墅里见到的张嫣，那个布加迪威龙大中华区代理商的销售经理。

握手寒暄。

张嫣落落大方，说："我其实不是来旅游的，我只是想借这个机会多了解一下有关保险的知识，能聆听皮尔森大教授这样的顶级保险专家的教诲，那可是三生有幸啊。何况，还有两位帅哥小专家呢，人数虽然不多，可也算得上豪华阵容了。"

听美女捧着，心里当然很受用。偷眼瞧了一下皮尔森教授，只见老先生也摇头晃脑，谦虚的回应中尽显得意之色。

我们初步规划的行车路线是先到山东的青岛、蓬莱和威海，然后去浙江杭州、四川九寨沟、古城西安，最后经山西回京。

4 聪明

自驾游的第一站，我们来到了美丽的青岛。

青岛位于山东半岛南端的黄海之滨，东北与烟台市毗邻，西与潍坊市相连，西南与日照市接壤。海岸曲折，岬湾相间。

初秋时节，站在岸边，但见水天一色，海鸟翔集。风轻浪柔，安静祥和。

沿着城市的海岸线，青岛海滨木栈道构成了一条独特的风景线。青岛海边所有的休闲娱乐场所像糖葫芦一般被它穿在了一起，收尽了青岛海边最美的风光。

我们坐在离栈道最近的沙滩上，晒着暖暖的太阳，显得异常慵懒。

张嫣倒是没忘了自己此行的目的，迫不及待地向教授问出了第一个问题:“教授,买车险的时候,买多少合适呢?”

汽车保险和其他的财产保险一样,遵循的是“补偿原则”,也就是说保险公司的赔偿数额不能超过财物的实际价值。

皮尔森说:“汽车保险和其他的财产保险一样,遵循的是“补偿原则”,也就是说保险公司的赔偿数额不能超过财物的实际价值。比如,如果汽车的实际价值是10万元,即使为其投保了保额为20万元的车辆损失险或盗抢险,一旦发生损失,被保险人最多只能从保险公司获得10万元的保险赔偿。”

张嫣问:“10万元的车保20万元,那保险公司会承保吗?”

沙纳接说:“投保人超额投保其实是对保险公司有利,保险公司收取的保险费是按照保额乘以既定费率得出来的。保额的全称是保险金额,是指保险人承担赔偿或者给付保险金责任的最高限额。保额越高,投保人交的保费越多;但是发生事故,保险公司计算赔款的时候,却是按照车辆的实际价值理赔,你这车当时值多少钱,保险公司最多赔多少。再赔多了那是不允许的。否则就会有车主因保险事故发生而得到比事故损失更多的赔款,就有毁坏汽车获取赔款的动力,那道德风险就难以控制了。”

皮尔森说:“保险的补偿原则给保险公司的款额设了三道门槛,一个是保险金额,还有一个是实际损失,再有就是可得利益,也就是所保人对保险标的所具有的法律认可的经济利益。保险公司的赔付额以三者最低者为限。假设我和沙纳共同拥有他的宝马车,我们各占一半的股权,50万元。如果我买了100万元的保险,车全损,保险公司也只能陪我50万元。因为我只有50万元的可得利益。因此,如果是超额投保,另外10万元保额对应的保费相当于白白浪费掉了。”

张嫣问:“可是保险公司又不是车商,它怎么知道发生事故时,我的车值多少钱呢,况且如果我的车是旧车,是续保,我的保险金额该怎么设定呢?”

沙纳接过来说:“保险公司会依据各类汽车市场价格变化,以季度或半年为期限，按照它们的全国统一零售价调整各类车辆的新车购置价。如果你不了解当前汽车行情，你也可以在续保前向保险公司咨询所投保车辆的新车购置价。一般情况下，有三种确定保险金额的方式。

第一，可以选择按新车购置价投保，这里的新车购置价一般是裸车价格，不包含车辆购置税。

第二，按车辆实际价值投保，也就是新车购置价减折旧。

第三，是按投保人和保险公司之间的协商价值投保。方式不同，保费和保险赔付的比例也不同。”

张嫣问：“什么是按新车购置价投保？”

沙纳说：“所谓的新车购置价，是指在保险合同签订地购置与被保险机动车同类型新车（一般不包含车辆购置税）的价格，而不是许多投保人所理解的自己购买新车时所支付的购车全款。”

所谓的新车购置价，是指在保险合同签订地购置与被保险机动车同类型新车的价格（一般不含车辆购置税）。

张嫣说：“假如我在车展上买了一辆展出车，北京市场上此类新车的价格是 20 万元，因为是展出车，销售商给我打了八折，我 16 万元就买到手了，那新车购置价就不应是 16 万元，而是 20 万元，对吗？”

沙纳说：“聪明。如果保险金额与新车购置价相等，比如说你买的是 20 万元保额的保险，这种投保方式一般被认为是“足额投保”，当车辆发生部分损失，保险公司在理赔时，将按实际损失进行足额赔偿，但当车辆全部毁损时，保险公司只按车辆的实际价值，也就是折旧后的价值进行赔偿。”

张嫣说：“我怎么觉得不合理啊。我的车买的时候比别人便宜，赔的时候按照发生事故时的实际价值赔我，可是我交的保险费却和别人一样多，那是为什么？”

沙纳说：“按新车购置价买保险才称为足额投保。我问你，当你的旧车撞了之后到修理厂修理，你是换一个旧零件呢，还是换新零件？”

张嫣说：“自然是换新零件了，我就是想换旧零件他们也没有啊。”

沙纳说："旧零件到处都是，就看你敢不敢换。而问题就在这里，同样的车型，不论是新车，还是旧车，出了同样的事故，都是部分损失，修理费却都是一样的。比如，同样车型的车，都撞碎了前大灯，修车厂都收 3000 元的换修费，不会因为一个是新车，一个是旧车就有所差别。"

张嫣说："我明白了。保险公司赔偿的是修理费用，所以对保险公司来说，发生事故后的代价是一样的。为了保证投保人之间的公平，保险公司从投保人这里收取的保险费也就应该相同。所以，足额保险的基准就只好是新车购置价了。"

沙纳说："聪明。而且，新车购置价比较透明，对投保人和保险人双方来说，都比较容易掌握。"

张嫣问："那如果我 20 万元的车开了两年之后，市场上同类型的新车已降价至 16 万元，那我两年后投保的新车购置价是不是也降为 16 万元？"

沙纳说："聪明。就是续保当时的同类车型的新车购置价。如果，仅仅是如果，你在保险期内，发生一起车辆部分损失的保险事故，车辆的修复费用共为 8000 元，如果不考虑免赔率、事故责任比例的情况下，保险公司将按 8000 元全额赔偿。"

张嫣哼了一声："怎么不拿你的宝马举例子？"

"小声点，别让宝马听见。"沙纳伸出食指放在嘴边嘘了一声说，"更加如果，你的车在一年保险期内，不幸发生了比较严重的车损事故，车辆几乎全部毁损，假设当时你的车折旧后的实际价值已不足 16 万元，只有 13.7 万元。折旧金额等于保险事故发生时的新车购置价乘以被保险机动车已使用月数 ×6‰。如果不考虑免赔率、事故责任比例以及车辆残值的影响，保险公司最多只赔偿 13.7 万元。"

张嫣问："6‰是个什么东西？"

沙纳说："月折旧率"。

张嫣问："新车按月折旧？"

沙纳说："聪明。保险合同一般规定，被保险机动车的折旧按月计算，不足一个月的部分，不计折旧。9座以下客车月折旧率为6‰，10座以上客车月折旧率为9‰，最高折旧金额不超过投保时被保险机动车新车购置价的80%。"

张嫣说："折旧金额＝投保时的新车购置价 × 被保险机动车已使用月数 × 月折旧率"。

沙纳说："聪明。"

张嫣问："那如果是新车第一次买保险，我就是按照我自己买车时候的展出车价格16万元投保呢？"

沙纳回答："那你就是按照保险车辆的实际价值投保了。所谓的'实际价值'是指你买新车付出的费用，也包括车价和附加税，如果是旧车，就是新车购置价减去折旧金额后的价格。这种投保方式一般被认为是"不足额投保"。在车辆发生部分损失时，保险公司只能按实际价值与新车购置价格之比，按比例赔偿。也就是说，万一在修车过程中需要更换新零部件，保险公司就只能参考该零部件的折旧价值，赔偿给车主一部分修理费用。"

按车辆实际价值投保经常会出现不足额投保的情况。不足额投保的情况下，保险公司将按比例赔偿损失。

张嫣说："意思是按旧车的实际价值投保的话，保险公司应该赔我一个旧零件，但是我换的却是一个新的零件，多花的那些钱得我自己掏。"

沙纳说："聪明。假设你的车第三年续保时，折旧后的实际价值只有136960元，你呢，据此投保13.7万元的车损险，保费则降低至2165.7元，比按16万元投保省了278.3元的保费。

但在保险期内，同样发生的部分损失事故，假设修车费仍为8000元，同样不考虑免赔率、事故责任比例，保险公司则将按'保额与投保时新车购置价的比例'进行赔付，即8000元 ×（13.7万元/16万元），你可获得6850元的赔偿，比按16万元投保少获赔1150元。"

张嫣说："好像有点得不偿失。"

沙纳说："聪明。如果发生了全车毁损的严重事故，同样不考虑免赔率、事故责任比例以及车辆残值的影响，保险公司赔偿你 13.7 万元的损失。这些钱和你按什么价来投保是没有关系的。所以按新车购置价投保就有点亏，因为你多花了近 300 元的保险费。"

张嫣说："如果是按 16 万元的新车购置价投保的，保险公司应该赔我 16 万元才对啊？"

沙纳说："真要按照 16 万元赔你就不符合补偿原则了，你就有可能故意把车毁掉，去占保险公司 2.3 万元的便宜。保险如果诱发了道德风险，社会就不安全了。撞车骗保的案件就会多起来。"

张嫣说："我怎么也不至于为了那几个钱，拿自己的生命开玩笑。"

沙纳说："是的，大多数人不会，但总有人会。前几天，还有几个人想骗赔，故意撞车，结果呢，一不小心真就给自己撞死了一个。"

皮尔森揶揄道："还挺敬业的，有献身精神。"

张嫣说："我还是觉得不对劲，如果发生了全损，我按新车购置价买的保险，保险公司按照实际价值赔我，从防止道德风险的角度，这也说得过去，可是保险公司在赔完我之后，应该给我退点保费啊，也就是按新车购置价投保对应的保费和按实际价值投保对应的保费的差额，这样，我觉得才算公平。"

沙纳故意夸张地提高声音："聪明。应该是这样的，可是保险公司还都装糊涂没这样呢。关键是像你这样聪明的投保人实在太少了。"

张嫣说："你以后不许一口一个说我聪明。"

沙纳说："为什么？"

我忍不住插话说："那是因为她本来就聪明，你老是挂在嘴边就不对了。比如你沙纳是个男人，如果别人老是惊叹你是男人，你是不是会觉得很不舒服？"

沙纳大笑："我以后少说就是了。"

张嫣说："不是少说，是不说。"

沙纳说："聪……好好，是不说。"

张嫣问："你刚才还说了一种是按照协商价值确定保额，有什么好处？"

沙纳说："按协商价值确定保额主要是根据投保人的意向，比如你按新车购置价20万元买的车，你说你就想把保险金额确定为10万元，如果你发生了交通事故，保险公司仅仅按照保险金额和汽车实际价值的比例，也就是10/20等于50%进行赔偿，比如你的修复费用还是8000元，保险公司就只赔你一半，也就是4000元。如果发生了全损，保险公司最多只赔10万元。"

张嫣问："那如果我跟保险公司协商的是30万元呢。"

沙纳说："那就是超额投保了。对于超额投保，新修订的保险法有明确规定：保险标的的保险价值，可以由投保人和保险人约定并在合同中载明，也可以按照保险事故发生时保险标的的实际价值确定。保险金额不得超过保险价值；超过保险价值的，超过的部分无效。

保险金额不得超过保险价值；超过保险价值的，超过的部分无效。

保险金额低于保险价值的，除合同另有约定外，保险人按照保险金额与保险价值的比例承担赔偿责任。"

"聪明！"张嫣转向我问，"他是不是都背下来了？"

我说："一个字都不差。沙纳有过目成诵的本事。他的大脑中装着众多的法律文本和合同条款。据说这种猛人要隔好长一段时间才会降生一个，比如在三国时期，有一个叫张松的，给曹操和刘备都献过地图的那位，过目不忘，只是这样的人一般样子都长得差点。"

责任险保险金额的设定是因人而异的。

张嫣瞪大眼睛重新打量了一下沙纳，故意点点头说："也还过得去，不算太难看。"

沙纳不在乎，沿着自己的思路继续说："因为保险金额超过保险价值的，超过的部分无效，所以车险投保的时候，不要超过新车购置价，最好不要超过车辆的实际价值。”

张嫣说：“这里面有点学问。”

沙纳沉吟片刻说：“在实务中，买车险的时候可要仔细了。有的保险公司的分支机构和代理人问完客户的车型就会报一个保额，这个保额一般会报得比较高，而且几乎所有保险公司，甚至同一个保险公司的各个代理人、营业员报的都不一样，五花八门。这个时候就该问一下他们的电脑承保系统这一车型的最低保额是多少。如果投保人觉得自己发生全损的概率很低，最好就按这个最低保额投保，因为能通过承保系统的保额都算足额投保，在未来发生部分损失的情况下，保险公司赔的钱数是一样的，但交的保费却是用选定的保险金额乘以同样的费率，所以保费差别是较大的。高的保额意味着较多的保费，但部分损失的赔偿相同”。

张嫣问：“那如果是全部损失呢？”

沙纳说：“赔偿以保险金额为限，还不能超过实际损失和可保利益。”

张嫣问：“盗抢险保险金额的确定也是一样的吗？”

沙纳说：“不，盗抢险应该按照车的实际价格投保。新车购置价减去折旧金额就是这个车的实际价值。”

张嫣问：“折旧金额是怎么得出来的呢？”

沙纳说：“你的车是 9 座以下，所以应按 6‰的折旧率进行折旧。比如你的车是 20 万元买的，一年之后，就是 20 万元减去车价的 12 个 6‰，18.56 万元。”

张嫣问：“我一定要按照实际价值投保吗？”

沙纳说：“当然你也可以自由选择不足额投保。比如，你 20 万元买的新车，盗抢险的保险金额也可以设定为 20 万元或者低于 20 万元的任意一个数额，比如 10 万元，你交的保费是保额 20 万元时的一半，但车一旦丢了，保险公司却顶多赔 10 万元。”

“那责任险呢，”张嫣问，“责任险的保险金额是不是也按照车的价值确定？”

沙纳说：“非也。责任险的保险金额可以说跟你自己开的车关系不大，责任险保障的是发生交通事故后，你对被你撞了的车辆、人员或其他财产，比如护栏等所负的民事损害赔偿责任。你觉得这个责任最大有多大，然后确定一个你希望转嫁给保险公司的份额。比如，你觉得自己的驾驶技术不高，最倒霉的事是撞了人，可能会赔偿人家 40 万元，那你是希望这 40 万元是全部转嫁给保险公司呢，还是部分转嫁，自己承担一部分？因为转嫁给保险公司那是要花钱的，得拿保费来。而且，这种事发生的概率也是很低的。如果你驾驶技术不行，但是你开车比较小心，也严格遵守交通规则，速度总是控制在一定范围之内，一般就不会有那么大的责任。一般有个二三十万元的保险金额，也就差不多了。”

张嫣说：“意思是责任险保险金额的设定是因人而异的。如果自己开车有把握，技术不错，也不会出大事，那就把保险金额设得小一点，节省点保险费。相反，如果自己对自己没有把握，那就可以把保险金额设得高一点。可是如果开车很小心，自己虽然不大可能交通肇事，但没办法防止别人交通肇事，一旦被别人撞了呢？有的人开着车就像疯子一样，横冲直撞的。”

沙纳说：“那就不是你的责任了，出了事那是肇事者的责任，由他的保险公司来赔偿你，保险公司赔多少，由他买的第三者责任险的保险金额决定，不够赔，他自己掏钱赔你就是了。”

张嫣说：“可是我要是遇上一穷光蛋，他自己没能力赔，也没买责任险怎么办？”

沙纳说：“所以，责任险才分交强险和商业责任险。为了防止交通事故当中的受害人遇到你所说的穷光蛋，国家规定所有的车主都必须买交通事故第三者责任强制保险，也就是我们常说的‘交强险’，它是法定责任保险，是强制购买的，有车就得买，否则就不能上路。

如果有逃缴漏缴的，一旦被交警抓住，首先是扣车，其次还要处以交强险应交保费的两倍的罚款，再次，必须买了交强险才能把车取回来。”

张嫣：“这损失可是不小，也够折腾的。”

沙纳说：“交强险的责任限额是由中国保监会确定的，而且一辆车只能买一份。其中，死亡伤残的保险金额，也就保险公司的赔偿限额是11万元；医疗费用赔偿限额1万元；财产损失赔偿限额2000元；无责任死亡伤残赔偿限额1.1万元；无责任医疗费用赔偿限额1000元；责任人财产损失赔偿限额100元。目前标准保险费是950元。这是目前的全国统一价，除了保监会规定的可以打折或减免的情况外，没有什么可选择的余地。”

张嫣问：“你说的这些赔偿限额是一次事故的呢，还是一年累计的呢？”

交强险合同中的责任限额是指被保险机动车发生交通事故，保险人对“每次”保险事故所有受害人的人身伤亡和财产损失所承担的最高赔偿金额，而且保险有效期内不限次数。

沙纳说：“交强险合同中的责任限额是指被保险机动车发生交通事故，保险人对‘每次’保险事故所有受害人的人身伤亡和财产损失所承担的最高赔偿金额，而且保险有效期内不限次数。”

张嫣又问：“如果我在交通事故中负全责，第三者的医疗费用是1.8万元，我交强险的保险公司只能给我出1万元，剩下的8000元，我要自己负担，是吗？”

沙纳说：“如果你除了交强险之外，还有商业第三者险，保险公司在商业第三者险的赔偿限额内赔偿，如果费用超出了商业第三者险的范围，对不起，只有你自己花钱了。”

张嫣说：“看来商业险还是非常有必要的。”

沙纳说：“对啊。商业第三者险的好处是它的限额不是分项的，不论是第三者伤残死亡，还是医疗费用，财产损失，只要是保险责任之内的，没有超过商业第三者险的保险金额，都可以赔偿。”

张嫣问：“商业第三者责任险的保险金额可以是任意金额吗？”

沙纳说：“当然不是。汽车商业第三者险的保险金额分为六个档次：5万元、10万元、20万元、50万元和100万元以上，最高不超过1000万元。”

张嫣说：“是不是越多越好？”

沙纳说：“当然不是。保险金额越高，发生事故后保险公司的赔偿限额越高，这是好的方面。不过，保险金额越高，乘以相同的保险费率，投保人花出去的保险费也越多。经济学总是讲边际成本和边际收益的，什么事都应当适可而止。对我们普通老百姓来说，钱来得不容易，所以买保险的钱应分分花在刀刃上。”

张嫣点头：“那选择多少合适呢？”

沙纳说：“首先要知道发生交通事故发生后，自己可能承担的最大赔偿责任，然后在最大赔偿责任之下选择一个比较适合自身情况的保险金额。”

张嫣问：“最大赔偿责任是多少？”

沙纳说：“根据最高人民法院《关于审理人身损害赔偿案件适用法律若干问题的解释》的第17条，受害人遭受人身损害，因就医治疗支出的各项费用以及因误工减少的收入，包括医疗费、误工费、护理费、交通费、住宿费、住院伙食补助费、必要的营养费，赔偿义务人应当予以赔偿。”

张嫣问：“医疗费包括什么，有没有限额？”

沙纳说：“当事人为治疗伤疾而支付的挂号费、检查费、治疗费、手术费、医药费、住院费、康复费、整容费和后续治疗等费用。根据医疗机构出具的收款凭证，结合病历和诊断证明等相关证据确定。医疗费的赔偿数额，按照调解前实际发生的数额确定。器官功能恢复训练所必要的康复费、适当的整容费以及其他后续治疗费，可参照调解结案时的时令标准进行计算。”

张嫣问：“这可能会是一大笔钱。那误工费呢？”

沙纳说：“误工费根据当事人的误工时间和收入状况确定。误工时间根据当事人接受治疗的医疗机构出具的证明确定。当事人因伤致残持续误工的，误工时间可以计算至定残日前一天。”

张嫣问：“有没有计算标准？”

沙纳说：“当事人有固定收入的，误工费按照实际减少的收入计算。当事人无固定收入的，按照受诉法院所在地统计局公布的上一年度职工的平均工资计算。比如北京市2008年的上一年度（2007年）在岗职工年平均工资是38088元。”

张嫣问：“护理费呢？”

沙纳说：“护理费根据护理人员的收入状况和护理人数、护理期限确定。护理人员有收入的，按照实际减少的收入计算；护理人员没有收入或者雇用护工的，参照同等级别护理的劳务报酬标准计算。护理人员原则上为一人，但医疗机构或者鉴定机构有明确意见的，可以参照确定护理人员人数。”

张嫣问：“关键是护理期限多长？”

沙纳说：“护理期限应计算至受害人恢复生活自理能力时止。受害人因残疾不能恢复生活自理能力的，可以根据其年龄、健康状况等因素确定合理的护理期限，但最长不超过20年。”

“还有交通费。”张嫣说。

“交通费应根据当事人和必要的陪护人员因就医或者转院治疗，以及参与死亡事故处理的死者亲属，但不得超过三人实际发生的费用计算。交通费应当以正式票据为凭，有关凭据应当与就医地点、时间、人数、次数相符合。”沙纳说。

张嫣问：“住宿费、住院伙食补助费和必要的营养费怎么算？”

沙纳说：“住宿费按当事人本人及其陪护人员从外地到本市处理交通事故，实际发生的住宿费计算。住院伙食补助费参照国家机关一般工作人员的出差伙食补助标准予以确定。营养费是指当事人为辅助治疗或使身体尽快康复而购买日常饮食以外的营养品所支出的费用。营养费根据当事人伤残程度参照医院意见及营养费支出凭证确定。”

张嫣说：“这七项费用加起来也是不小的一笔钱了。”

沙纳说：“这还只是小头。根据保险公司的统计，这七笔费用一般在几百元到8万元之间。

除了这些费用外，如果受害人因伤致残的，其因增加生活上需要所支出的必要费用以及因丧失劳动能力导致的收入损失，包括残疾赔偿金、残疾辅助器具费、被抚养人生活费，以及因康复护理、继续治疗实际发生的必要的康复费、护理费、后续治疗费，赔偿义务人也应当予以赔偿。”

张嫣感叹道：“我的天，都怎么计算。”

沙纳说：“残疾赔偿金根据当事人伤残等级和当地上一年度城镇居民人均可支配收入或者农村居民人均收入标准，自定残之日起按20年计算。

比如，按照北京市2008年的标准，一个60周岁以下的北京市城镇居民被撞全残了，就根据2007年度北京市城镇居民年人均可支配收入21989元/人的计算标准计算，20年的赔偿额是439780元。”

张嫣问：“要是60周岁以上的呢？”

沙纳说：“60周岁以上的，年龄每增加1岁减少1年；75周岁以上的，按5年计算。”

张嫣问：“要是撞残一个农村居民呢？”

沙纳说：“2007年北京市农村居民人均纯收入为9559元/人，乘以20等于191180。”

张嫣问："如果不是全残，而是死亡呢？"

沙纳说："死亡赔偿金和全残赔偿金的计算方法一样。"

张嫣说："也就是说把人撞成全残和撞死，赔给受害人的死亡赔偿金和残疾赔偿金是一样的？"

沙纳说："没错。另外，如果受害人死亡，赔偿义务人除应当根据抢救治疗情况赔偿刚才所说的七项相关费用和死亡赔偿金外，还应当赔偿丧葬费、被抚养人生活费、死亡补偿费以及受害人亲属办理丧葬事宜支出的交通费、住宿费和误工损失等其他合理费用。"

张嫣说："先等等。残疾赔偿的费用还没有说完呢。残疾辅助器具费怎么算？"

沙纳说："残疾辅助器具费按照普通适用器具的合理费用标准计算。伤情有特殊需要的，可以参照辅助器具配制机构的意见确定相应的合理费用标准。辅助器具的更换周期和赔偿期限参照配制机构的意见确定。"

张嫣问："被抚养人生活费是一大块吧？"

沙纳说："是大头。被抚养人生活费根据抚养人丧失劳动能力程度，按照当地统计局公布的上一年度城镇居民人均消费性支出和农村居民人均年生活消费支出标准计算。被抚养人为未成年人的，计算至 18 周岁；被抚养人无劳动能力又无其他生活来源的，计算 20 年。"

张嫣说："又是 20 年。"

沙纳说："比如，北京市 2007 年城镇居民人均消费支出 15330 元 / 人；农村居民人均生活消费支出额是 6828 元 / 人。20 年的被抚养人生活费分别是 306600 元和 136560 元。"

张嫣问："如果被抚养人是老人呢？"

沙纳说："被抚养人 60 周岁以上的，年龄每增加 1 岁减少 1 年；75 周岁以上的，按 5 年计算。

张嫣问："受害人死亡和全残，被抚养人的生活费的计算方法是一样的吗？”

沙纳说：“一样。”

张嫣问：“那么，被抚养人都包括谁？”

沙纳说：“被抚养人是指当事人依法应当承担抚养义务的未成年人或者丧失劳动能力又无其他生活来源的成年近亲属。被抚养人还有其他抚养人的，赔偿义务人只赔偿当事人依法应当负担的部分。被抚养人有数人的，年赔偿总额累计不超过上一年度城镇居民人均消费性支出额或者农村居民人均年生活消费支出额。”

张嫣问：“死亡的丧葬费怎么计算？”

沙纳说：“按照上一年度职工月平均工资标准，以六个月总额计算。比如北京市的2007年的月平均工资标准是3714元，6个月就是22284元。”

张嫣问：“还有其他的费用吗？”

沙纳说：“还有一项是交通事故当事人或者死者近亲属可能要求的赔偿精神损害抚慰金。

这笔钱原则上是由当事人或者死者近亲属自行协商，或者由法院自由裁量。从已经发生的案例看，这笔钱一般不会超过5万元。不过因为这笔钱的数额不易控制，所以是被保险公司列为除外责任的，不能从保险公司获得赔偿。”

张嫣问：“还有吗？”

沙纳说：“差点忘了。还有财产直接损失费。因交通事故损坏的车辆、物品、设施等，应当修复，不能修复的，折价赔偿。牲畜因伤失去使用价值或者死亡的，折价赔偿。”

张嫣想了想说：“我得问一下，如果保险事故发生时，被保险机动车有商业第三者险，但未投保交强险，是不是交强险的责任需要商业险来承担？”

商业第三者险的条款规定，保险事故发生时，被保险机动车未投保机动车交通事故责任强制保险或机动车交通事故责任强制保险合同已经失效的，对于机动车交通事故责任强制保险各分项赔偿限额以内的损失和费用，保险人不负责赔偿。

沙纳说：“不能，如果那样不是鼓励人们逃漏交强险吗？商业第三者险的条款规定，保险事故发生时，被保险机动车未投保机动车交通事故责任强制保险或机动车交通事故责任强制保险合同已经失效的，对于机动车交通事故责任强制保险各分项赔偿限额以内的损失和费用，保险人不负责赔偿。”

张嫣说：“得自掏腰包。”

张嫣说：“这样看来，一般人买了交强险之后，再加上保额 10 万元的商业第三者险，最大赔付额加在一起只有 20 多万元，看来是不太够了。”

沙纳说：“如果仅从咱们说的这些赔偿费用看，的确是捉襟见肘，特别是在严重的交通事故中负全责的情况下，更是明显不足。好在绝大多数的交通事故是双方都有责任，这样就使损失总额就得以降低，这个因素也应考虑进去。”

张嫣说：“交通事故责任和赔偿比例的关系是怎么样的呢？”

沙纳说：“谁在事故中负多大责任是需要按照交管部门发布的交通规则或者由交警当场做出判定的。机动车之间发生交通事故，造成人身伤亡和财产损失，当事人负全部原因责任的，承担 100% 的赔偿责任；当事人负主要原因责任的，承担 70% 的赔偿责任；当事人负同等原因责任的，承担 50% 的赔偿责任；当事人负次要原因责任的，承担 30% 的赔偿责任。”

张嫣问：“如果是车与人之间发生交通事故呢？”

沙纳说：“机动车与非机动车、行人发生交通事故，造成人身伤亡、财产损失，非机动车、行人一方无过错的，由机动车一方承担总损失 100% 的赔偿责任。对有证据证明非机动车、行人有过错的，机动车一方要承担自身的全部损失，然后还要赔偿对方，机动车一方负主要原因责任的，应承担非机动车、行人一方 70% 赔偿责任；机动车一方负同等原因责任的，应承担非机动车、行人一方 50% 赔偿责任；机动车一方负次要原因责任的，应承担非机动车、行人一方 30% 赔偿责任；机动车一方无责任的，应承担非机动车、行人一方 20% 赔偿责任。”

张嫣说：“简练一点就是全责 100%，主责 70%，等责 50%，次责 30%，无责 20%，对吗？”

“很好。”沙纳赞道，“根据这些因素，该买多少保险，就比较清楚了。根据全社会的统计资料，交通事故的平均赔偿责任在 25 万元左右。知道这个数额后，买多少第三者险，关键还是要看个人的情况。如果你觉得你的出险概率和赔偿责任与社会平均水平大致相当，交强险人身损失的赔偿限额有 11 万元，再买一个 15 万元左右的商业险，也就差不多了，如果投保人认为自己更危险一些，或者认为需要更多的保障，怕发生有责任的严重交通事故，就多买一些交强险。多 10 万元的保险金额，保费仅差很少的钱，还是非常值得的。”

两个人说得很热闹，我一直在旁边听着。为了向他们提醒我的存在，我学着沙纳的样子画了一张草图，指点着说：“10 万元和 20 万元的保额之间，保费仅差 210 元钱；10 万元与 30 万元的保额之间，保费也仅差 349 元，一天不到 1 元钱，但保额却增加了 3 倍。10 万元与 50 万元的保额之间，保费也仅差 595 元，加上交强险，就可以做到即使在严重的交通事故中，也赔付无忧了。”

保额（元）	5万	10万	20万	30万	40万	50万	60万
保险费（元）	607	877	999	1,087	1,226	1,472	1,917

→ 270 → 122 → 88 → 139 → 246 → 445 →

5 险象环生

5.1 划痕

次日醒来，沙纳皱着眉围着他的宝马转了两圈。

车停放在宾馆旁的马路边上，不知道什么人用钉子一类的东西在宝马的车屁股上歪歪扭扭地刻上了“有钱人，小心点”六个字。

张嫣在一旁安慰他：“这也算不了什么。我听说过一个笑话，一辆吉普车，先是有小孩在车侧的4×4后面写了个等号，然后加了个问号。过了几天就有小孩给出了答案，在后面填上了16。又过了几天，另一个小孩觉得算对了，在题后加了对勾，接来下有小孩给出了100分，评语是继续努力……”

黑色幽默。

不过面对爱车，沙纳却乐不起来，垂头丧气地说：“这回恐怕得找保险公司了，我的保险下个月就到期，本来还打算续保的时候享受下一年的无赔款优待呢。”

张嫣问：“车漆被划了保险也赔吗？这种保险倒是很有意思啊。”

说到保险，沙纳才有了些兴致，说：“划痕险是车辆损失险的附加险，保险公司负责赔偿无明显碰撞痕迹的车身划痕损失。”（详见本章附录（四）表4A-1）。

划痕险是车辆损失险的附加险，保险公司负责赔偿无明显碰撞痕迹的车身划痕损失。

“什么叫‘无明显碰撞痕迹？”

“有了划痕就说明车和外物有了明显的剐蹭或撞击，如果车身上没有明显的坑，只是划了一些道道，属于划痕险的责任，如果撞出了坑，就不属于划痕险的责任了。”

“是不是有时候分不太清？”

“分不太清也没有太大的关系，因为碰撞属于车损险的承保责任，而划痕险属于车损险的附加险，就是说有划痕险的车一定有车损险。所以一般情况下，无论是碰撞还是划痕，保险公司都是要赔偿的。”

“为什么不将划痕险的责任也放到车损险里呢，干吗单列出来？”

“因为划痕的风险比较特殊，新车需要，旧车可能就不需要了，所以从车损险中分离出来也是为了适应不同人群的需要。”

“如果车主得罪了人，被人给划了，找保险公司刚修好，又被划了，保险公司还赔不赔？”

“划痕险有一个总的保险金额，只要修车的损失在总的限额之内就可以进行赔偿和修复。”

“总的保险金额是多少？”

“保险金额为 2000 元、5000 元、10000 元或 20000 元，具体的保险金额由投保人和保险人在投保时协商确定。”

“不同保额需要交的保险费肯定也不一样了。”

“那是自然，保费由车龄、保险金额和新车购置价三个因素共同决定。”

“怎么算？”

“车龄分‘二年以下’和‘二年及以上’两类。新车购置价分 30 万元以下、30 万—50 万元和 50 万元以上三种。”

“有点乱。”

沙纳说：“我给你画个表就清楚了。”

沙纳就在有一层灰尘的前车盖上画了一张表。

车龄	保额（元）	新车购置价（元）		
		30 万以下	30 万—50 万	50 万以上
2年以下	2000	400	585	850
	5000	570	900	1100
	10000	760	1170	1500
	20000	1140	1780	2250
2年及以上	2000	610	900	1100
	5000	850	1350	1500
	10000	1300	1800	2000
	20000	1900	2600	3000

张嫣说：“这些数字你都能记得？”

沙纳自豪地说：“要不怎么叫‘专业’呢？”

5.2 醉酒

夕阳映红了整个海面，渔舟从天际缓缓而来，海鸟暮归，渔歌唱晚。

海边悬崖上的酒吧一条街也尽数笼罩在落日的余晖里。一排依山而建错落有致童话造型的白色木屋，在夕阳的映衬下美到极致。

人生短暂。此情此景，吸引着整日正襟危坐的人们来这里放松身心。

我们找了一个最靠近悬崖的酒吧坐下来。

海浪在脚下几十米深的地方翻涌，阳光透过整面墙的落地窗照射进来，温暖而沉静。

天色尚早，酒吧里的人并不多，只在角落里散落着两三对情侣。

我们四人倚窗而坐。我点了四小杯红酒，一小橡皮桶的鲜酿青岛啤酒，满桌的精致海鲜。

然后对沙纳说："晚上，我开车带大家回宾馆，你陪着教授和张嫣喝点酒。"

悬崖酒吧两侧较远的地方，坡度平缓下来，坐落着两个小港。不时有渔船快艇从天际归来，划过浮光跃金的海面，或左或右地到两个港口停泊。从悬崖酒吧望过去，这景象正如雁翅排开的水军操练，只是海船并不是听从我们令旗的指挥，而是自行选择自己的归巢。

皮尔森看了一会说："我们做个游戏，如果有船到左边的港口停泊，沙纳喝一杯啤酒；如果有船到右边的港口停泊，张嫣喝一杯。"

我和沙纳鼓掌。

张嫣问："教授什么情况下喝呢？"

皮尔森说："自然是不论船停到哪个港口，我都喝一杯，不过，我得用一个小点的杯子。"

张嫣给皮尔森喝红酒的小杯子倒满了啤酒。

游戏开始。

皮尔森像个孩子一般，和沙纳、张嫣一起紧盯着海上归来的海船。沙纳喊："右、右、右……"；张嫣喊："左、左、左……"，我和皮尔森则一会儿呼左一会儿喊右，然后欢呼饮酒。

这游戏颇有点押宝的味道，大家玩得兴趣盎然。不知不觉间，一桶4升的啤酒已然喝光，我悄悄地向服务生打了个手势，服务生点头又换上一桶鲜啤。

红日跳荡着沉入海底，归船的轮廓也渐渐模糊，最后只能通过船上的灯光来判断船的走向。

三个人玩性不减，酒越喝越多。

当我偷偷地换上第三桶啤酒时，沙纳和张嫣已经都有点喝多了。

沙纳伸过手来摇摇啤酒桶，说："这酒还真经喝。"张嫣则笑嘻嘻地说："实在是喝不下去了，再输了改唱歌好不好？"

回过头看时，酒吧里的人已经不少了。靠近吧台一侧的小型舞台上还有一个女孩在唱歌，舞台周围的座位上，一群男女在鼓掌欢呼，灯光闪烁，气氛十分热烈。

又一艘船从远处冲破夜色而来并向右边驶去的时候，女孩刚好唱完。张嫣站起来脚步踉跄地走到舞台上，拿起话筒，开始唱歌。

张嫣一亮相，就是一阵掌声。

歌声一响，举座皆惊。

如夜莺鸣唱，似百灵欢歌。张嫣的艳丽和歌声镇住了在场的每一个人，一曲山歌获得了最热烈的掌声。

张嫣放下话筒。

"再唱一个！"喊声和掌声再次响起，还有人起哄般地打起了长长的口哨。

张嫣一甩长发，再唱。

这一首一改刚才欢快的曲调，如杜鹃幽啼，华美的歌声中竟透着令人神伤的幽怨。

岁月难得沉默 秋风厌倦漂泊

夕阳赖着不走 挂在墙头 舍不得我

昔日伊人耳边话 已和潮声向东流

再回首 往事也随枫叶一片片落

爱已走到尽头 恨也放弃承诺

命运自认幽默 想法太多由不得我

壮志凌云几分愁 知己难逢几人留

再回首 却闻笑传醉梦中

笑叹词穷 古痴今狂终成空

刀钝刃乏 恩断义绝梦方破

路荒遗叹 饱览足迹没人懂

多年望眼欲穿过 红尘滚滚 我没看透

自嘲墨尽 千情万怨英杰愁

曲终人散 发华鬓白红颜殁

烛残未觉 与日争辉徒消瘦

当泪干血盈眶涌 白雪纷飞 都成红

张嫣唱完，全场寂静无声。

张嫣放下话筒，脚步蹒跚头也不回地向门口的方向走去。

沙纳依旧呆愣在那里，一动不动。皮尔森也是醉眼蒙胧。

众人皆醉我独醒！

我霍然起身，赶紧追了出去。

海风拂面，寒意立即笼罩全身。

张嫣正手扶悬崖边上的栏杆，躬身向海中呕吐。

我伸手扶住她，防止她跌倒。她顺势将胳膊搭到我的肩上，我轻轻拍她的后背。

张嫣定了定神，四周望了一眼，说："快回宾馆。"

我扶着她走向停车场。

突然身后马达轰鸣，一辆摩托车已然逼近，从左侧向我直撞过来。

我本能地将张嫣向右猛推，将左侧让开，尽管如此，一股巨大的力量还是撞到了我的腰部，我被带着冲了几步，一个踉跄向前栽倒。在跌向大海的一刹那，死命地抓住栏杆，头也重重地撞到栏杆上。

耳边是张嫣的呼喊声和摩托声由近及远的吼叫声。

全身轻飘飘的，黑暗渐渐地要将我吞噬。

有人掰开我紧握栏杆的手，我忽然心惊，猛然清醒来。头上是淡淡的路灯灯光，脸上拂动着一绺长发，一股幽香沁入鼻孔，张嫣正扶着我挪向沙纳的宝马车。

我赶紧往起站，腰部和头部仍剧烈地疼痛，差点又晕过去。再定定神，看到张嫣的醉态，于是咬紧牙关，和她互相搀扶着往车边跑。

张嫣从我的衣袋里掏出车钥匙，打开车门，把我扶到后面的座位上。

这时，皮尔森已扶着醉得走路踉踉跄跄的沙纳从酒吧里出来，皮尔森把沙纳推到我的旁边，将张嫣安顿到副驾驶的座位上，然后跨上驾驶员的座位，快速地发动汽车，调转车头，飞速冲出了夜幕下的酒吧一条街，几条黑影在酒吧门口和街角一闪而过。

皮尔森动作连贯，一气呵成，不亚于训练有素的特工，浑然没有平时的老态。

汽车飞速地穿过通往市区的林荫道，直到融入市区的车流之中，速度才缓缓地降了下来。

5.3 海难

老夫聊发少年狂。

皮尔森说，到了海边，不坐快艇去海上游一圈，那多少是要留下遗憾的，何况在这样美丽的季节，在这样美丽的海滨。

皮尔森的提议深得人心，沙纳欢呼，张嫣鼓掌。

每个人都在努力凝聚快乐的气氛。对于昨晚的醉酒和历险，四个人竟然没有任何人再提起，就像什么都没有发生一样。

我去租了一艘能够搭载四名乘客的快艇，买了四包专门用来喂海鸟的薯条。皮尔森教授、沙纳、张嫣和我四个人依次走下海滩码头的阶梯，坐了上去。船长是一个健壮的年轻小伙子，沉默寡言。

我陪着皮尔森教授坐到前排，沙纳则在后排殷勤地照顾着张嫣。待我们一坐稳，船长就加足马力向大海深处冲去。

海岸上的景物迅速变小，海鸟欢快地追逐着我们的小艇在海面上飞行。船长减速，张嫣拿出薯条向空中抛撒，海鸟们翻飞着叼住薯条，不让美味的食物落入大海。

鸟儿欢叫，我们为鸟儿们的伶俐身姿齐声喝彩。

船开始快速驶向大海深处。离海岸越远，海风越大。

海浪涌过，腥咸的海风夹杂着溅起的浪花打在我们身上，不由得令人陡升寒意。

张嫣和沙纳仍旧继续抛撒着鸟食，这时能跟得上的海鸟已经不多了，张嫣已经撒完了三包鸟食，兴致却依然不减。沙纳坐在张嫣旁边为她供应薯条，在她往上蹿出时扯住她的衣角，俨然已是热恋的情人。

远处的海岸已经成了一条线，海水的颜色也已经很深了。

快艇加足了马力。

海风渐冷，雾气渐浓。

海鸟们再也跟不上了，张嫣把最后一把薯条抛向空中。

船的前方出现了一个小黑点，那是一个小岛。按照船票上的说明，快艇将绕小岛一圈然后按原路返回岸边的码头。

黑点逐渐变大，离小岛比较近了。突然一艘较大的快艇从小岛方向高速向我们直冲过来。

我和皮尔森觉得不对劲，一齐惊呼，两艘快艇转眼间就要撞到一起。张嫣和沙纳听到我们的呼声，也转过头来，俱是骇然变色。

我们的船长紧急转舵，对面的快艇摩擦着我们的船舷窜了过去，船上的几条人影在眼前一闪而过。

巨浪卷起，海水淋了我们一身。接着快艇大幅度倾斜，把朝后坐着没系安全带的张嫣和沙纳一下子倒进了海里。

我只觉得眼前一黑，全身钻入了水中，耳中一片轰鸣，绝望地想这下子完了。谁知片刻之间眼前又是一亮，原来快艇在水里翻了个身，竟然神奇地翻正了过来，载着船长、皮尔森教授和我，还有半艇的海水颤颤悠悠地向前继续滑行。

船长抹去了脸上的海水，稳稳地掌着舵，船慢慢地停了下来。

回头再望，只见不远处张嫣奋力地在海水中向我们的方向游动着，沙纳则被她拖曳着只露出一个头，在水里扑腾着。

皮尔森急切地用英语喊道："快去救他们。"

船长想打着快艇的火，却怎么也打不着了。皮尔森摘下自己的帽子往外舀艇里的海水，我和船长则拔下船头和船尾的两根旗杆，划着快艇向张嫣和沙纳的方向靠拢。

快艇的速度很慢，一个浪头打过来，反而将我们隔得更远了些。

沙纳快撑不住了，眼见着扑腾的频率加大，张嫣也只露出一个头，却仍死命地抓住沙纳不放。

我顾不得许多了，指着系在快艇上唯一的一条缆绳，和船长交换了一下眼色，做了个跳水的动作。船长会意点头，将船掌稳。我迅速地脱下湿淋淋的外套，一手拉着缆绳，跳入海中，向张嫣和沙纳游去。

也就二十几米左右的距离，在海浪的冲击下，却显得颇为漫长。好在我从小就爱玩水，水性还算不错，终于在张嫣和沙纳即将沉入水下的时候，游到了他们身边。

张嫣抓住缆绳，在我拉住沙纳另一只手以后，把头高高地探出水面，大口地喘着气。

沙纳已经差不多被灌晕了，分不清东西南北。我和张嫣合力拉动缆绳，船和人的距离迅速拉近。我在底下推，船长和皮尔森在上面拉，沙纳和张嫣精疲力竭地爬上了快艇，瘫坐在舱内。

海风吹来，一船的人都瑟瑟发抖。

我和皮尔森弄干了艇内的水。船长试了N次，终于发动了快艇，载着我们晃晃悠悠地向小岛驶去。

好不容易挨到了小岛。船长用缆绳把船系在一块礁石上，和我搀扶着沙纳爬上小岛。

小岛并没有看上去的那么小。岛的四周是礁石，礁石里面是金黄色的细沙，往里延伸，竟然还丛生着灌木。岛中间部分嶙峋的怪石中间，野草野花丛生，姹紫嫣红，海鸟成群，竟然是个异常美丽的地方。

船长说，他在这里开快艇已经两年了，还从来没有上过这个岛，没想到这里还真不错。

我们瘫坐在沙滩上，在乌云后藏了一上午的太阳也从云层里钻出来，暖烘烘地照着我们，夏天的感觉又回来了。

想想刚才的险境，一切犹如在梦中。

皮尔森教授在小岛上转了一圈，然后端坐在一块岩石上，望着明亮起来的海天出神。在湿衣的衬托下，皮尔森教授更显得瘦骨嶙峋。

船长去鼓捣他的快艇，看样子对留在这个小岛上不怎么感兴趣。

沙纳按照张嫣的指令，头朝下俯卧在一片坡度较大的沙滩上，打算把吞进去的海水吐出来，弄了半天，却毫无效果。看来这海水吞进去容易，吐出来却难。

折腾了半天，张嫣坐下来，在一旁幸灾乐祸地望着，似乎很是开心。

沙纳索性不吐了，转过身来说："像不像《射雕英雄传》里压鬼岛上的情形？"

张嫣说："挺像的。皮尔森是洪七公，我是蓉儿，只是你们哪个是欧阳克，哪个是靖哥哥呢？"

我和沙纳想了想，不约而同地指着已经爬到快艇上的船长说："他是你靖哥哥。"

张嫣说："哇。"

沙纳说："我自然是欧阳克。"

我说："我就是欧阳克他叔，老毒物欧阳锋了，可是我不怎么会武功。"

张嫣说："不过你水性还是不错的，我救了沙纳的命，你救了我的命。”

沙纳有气无力地说：“是不是想让我给你们磕个头，叫一声‘恩公啊！’”

张嫣说：“不愿意就算了。”

我说：“这么着，我救了张嫣的命，张嫣救了你的命，相当于我救了你的命。再也没有张嫣什么事儿了，别等你们以后结了婚，有了心理阴影，关键时刻老想着救命恩人什么的，那可大大地不妙。”

“蓉儿和欧阳克结婚？瞎扯吧你。”张嫣说，“不过，这要真是个远离大陆的荒岛，我们永远住在这里，不回去，那有多好。”

那语气竟然无限神往。

沙纳和我对望一眼，真不知道说什么好。

6 A、B、C条款

太阳依旧暖暖地照着。

皮尔森教授依旧坐在远处的大石头上出神，萧索的模样很像重伤后的洪七公。

船长依旧在鼓捣着他的宝贝儿快艇，汗水淋漓，勤劳善良的模样像郭靖。

蓉儿不失时机地虚心向欧阳克讨教武功。

欧阳锋在旁边有一搭没一搭地听着。

张嫣问沙纳：“如果我想买保险，各家保险公司的车险有什么不同吗？”

提到保险，沙纳立马有了精神，说话也不那么有气无力的了，似乎满肚子的海水也不再兴风作浪了。

沙纳说：“2007 年开始，为了规范一度显得混乱的车险市场，中国保险行业协会牵头设计了 A、B、C 三款车险条款。目前这三个车险条款分别被不同的保险公司所采用。”

沙纳用手指在沙滩上画了一张表格，虽然歪歪扭扭，却也非常清晰。

条款类型	开发者	使用者
A　款	人　保	人保、中华联合、大地、天安、永安、安邦、华泰、阳光、东京海上、大众、国寿财险等
B　款	平　安	平安、华安、太平、永诚、阳光农业、都邦、渤海、华农、民安、安诚、安联广州、美亚上海等
C　款	太平洋	太保、安华农业、中银保险、上海安信、三井住友上海等

张嫣问：“开发者是什么意思？”

沙纳说：“只有保险公司才有能力设计产品，所以啊，保险行业协会在制定标准条款的时候，也得去找保险公司帮忙。每个条款由一家公司牵头开发。三个条款，就被三家大公司分别根据自己的经验和数据设计出来，然后再由行业协会与大家协商取舍其中的具体内容，使之适用性更强。”

张嫣说：“明白了。使用者自然就是采用了某一条款的保险公司了。”

沙纳说：“是的，只要是采用同一条款的保险公司，产品和费率就基本一样了，不同的主要是服务。我这个表里仅仅列出了一小部分保险公司，其他的几十家保险公司也是分别选择某一款车险产品的。”

张嫣思索着说：“我觉得服务怎么样，一个要看公司的网点呀、口碑呀，或者服务承诺呀什么的。不过，服务方面你一会儿再说，现在关键我得先搞明白，这三个条款之间的差别。”

沙纳爬起来，找来一条长长的灌木枝，在海滩上画了一张更大的表：

<table>
<tr><th>款　　系</th><th>车辆损失险条款</th><th>商业第三者责任险</th><th>盗抢险</th><th>车上人员责任险</th><th>附加险条款</th><th>特约条款</th></tr>
<tr><td rowspan="3">A　　款</td><td>家庭自用汽车损失保险</td><td rowspan="3">机动车第三者责任保险</td><td rowspan="3">机动车盗抢保险</td><td rowspan="3">机动车车上人员责任保险</td><td>玻璃单独破碎险</td><td>可选免陪额特约条款</td></tr>
<tr><td>非营业用汽车损失保险</td><td rowspan="2">车身划痕损失险</td><td rowspan="2">不计免陪率特约条款</td></tr>
<tr><td>营业用汽车损失保险</td></tr>
<tr><td>B　　款</td><td colspan="6">总则+主险（车辆损失险、商业第三者责任险、全车盗抢险、车上人员责任险）+附加险（玻璃单独破碎险、车身划痕损失险、车损免陪额特约条款、基本险不计免赔率特约险）+通用条款</td></tr>
<tr><td rowspan="2">C　　款</td><td rowspan="2">机动车损失保险</td><td rowspan="2">机动车第三者责任保险</td><td rowspan="2">机动车全车盗抢损失保险</td><td rowspan="2">机动车车上人员责任险</td><td>玻璃单独破碎险</td><td>车损免陪额特约条款</td></tr>
<tr><td>车身油漆单独损伤险</td><td>基本险不计免赔特约条款</td></tr>
</table>

张嫣说：“解释给我听。”

沙纳说：“好的。你看，不管是 A、B、C 哪一款车险都由车辆损失险、商业第三者责任险、盗抢险、车上人员责任险、附加险条款和特约条款构成。当然，A 款险中还多出来一个特种车条款，特种车是救护车、消防车、油罐车、警车之类的，跟我们普通老百姓没有太大的关系，所以我没画它。”

张嫣说：“就讲你画的吧。”

沙纳说：“在 A 款车险中，主险是车辆损失险和商业第三者责任险。在行业协会提供的基本条款中，分别提供了盗抢险、车上人员责任险的主险和附加险两套条款，保险责任和费率完全相同，供各公司自主选择。”

张嫣说："这个我知道，主险是指可以单独购买的保险，而附加险则是主险的附加产品，如果车主要想买附加险，必须买了主险以后才能买。虽然两个保险公司的车险都属于A款车险，但甲公司可能将盗抢险或车上人员责任险列为可单独购买的主险，乙公司可能将盗抢险和车上人员责任险列为附加险，车主必须在买了车辆损失险的基础上才能买盗抢险；在买了商业第三者责任险的基础上才能买车上人员责任险，车主想只买一个盗抢险，或者只买一个车上人员责任险是不可以的。"

沙纳说："聪……A款险的附加险中有玻璃单独破碎险和车身划痕损失险，特约条款中有可选免赔额特约条款、不计免赔率特约条款。B款的附加险包括玻璃单独破碎险、车身划痕损失险、基本险不计免赔率特约条款；C款的附加险则包括玻璃单独破碎险、车身油漆单独损伤险，并设置了车损免赔额特约条款和基本险不计免赔特约条款。"

张嫣说："差别不大。先说车辆损失险吧。"

沙纳说："A款的车辆损失险根据投保车辆的用途划分为家庭自用、非营业用和营业用汽车三类保险。投保时自然是对号入座，车辆是何用途，车辆的行驶证上写得明明白白。B款和C款不这么区分。"

张嫣问："我比较关心的是保险合同，那三款险在具体的条款上还有什么差别吗？"

沙纳说："有。在车损险中，C款只赔列明的灾害，但实际效果与A、B款基本一致；A、C款明确相关法律费用属于免除责任，也就是投保人和别人打官司的钱保险公司一律不出。"

张嫣说："那如果我的车被撞了，我不愿意自己出钱和致害方打官司去拼命追，保险公司如果按车损险赔我，它也受损失啊。"

沙纳说："所以，考虑到这一点，A款规定有法律费用特约条款，C款有法律服务特约条款作为补充。"

张嫣说："想得周到，这也合理。"

沙纳说："B款明确不赔因保险车辆不能使用所造成的相关费用，但保险公司一般会搞一个车辆停驶损失险和代步车费用险两个附加险作为补充。"

张嫣问："那商业第三者险的区别呢？"

沙纳回答："A款保险责任包括受害人的故意行为，比如前车故意逗你追尾。B、C款则将之列为除外责任；C款中，改变车辆的使用性质而未在保险公司办理相关手续造成的损失是除外责任，保险公司不赔，A、B款则在被保险人义务里体现；C款第三者保险责任包括被保险人或允驾人的家庭成员，A、B款则为除外责任；B款强调说明属于免赔率范围的费用属于除外责任，A、C款未明确说明，但实际操作与B款一致。"

张嫣说："大同小异这个词用在这里最合适。"

沙纳说："全车盗抢险也差不多。A、B款对自然灾害等免责做了明确说明；A款责任免除含家庭成员的故意违法行为，B、C款则没有此项；A、B款新增了饮酒、吸毒的免责条款；A款在教练期间不赔，但有教练车特约条款附加险作为补充；C款在展览、改装、运输期间造成的损失不赔；A、B款不赔车被盗造成的人身、财产的间接损失。"

张嫣说："奇怪，你刚说在A、B两个条款中酒后丢车免赔，但是C款里面没有，是这样的吗？问题是酒后和丢车有什么关系呢？而且酒后丢车是一个时间段，而不是时间点，不像司机肇事以后直接查酒就能查出来的，你怎么能确定他是不是酒后丢车呢？"

沙纳笑说："别一提喝酒就激动，一连串的问题容我一个一个回答。"

我忍不住打量了一下张嫣，想起昨晚她喝醉时的情景。张嫣抬起头和我目光相对，赶紧把头低下。

A、B两个条款中有酒后丢车免赔，而C款里面没有。

沙纳说："是的，A、B两个条款中酒后丢车免赔，而C款里面没有。喝酒和丢车有关系。驾驶员饮酒、吸毒驾车不仅威胁交通安全，同时也更容易丢车。比如说一个人醉酒状态之下更可能不锁车门，不拔钥匙，或者把车停在不安全的地方，所以列为除外责任也是对的。

至于判定是否酒后丢车的确不易，但也有办法，这就需要双方举证了，谁的证据充分，法官就做对谁有利的判决。”

张嫣问：“如果两家保险公司都是A款险，那它们之间的汽车保险还有没有差别，我应该怎么选？”

沙纳说：“它们的差别体现在其他的附加险和服务上。为了在市场上有别于其他公司的产品，各家公司都在努力开发A、B、C三款保险之外的附加险和特约条款，并在服务上搞出特色。”

张嫣说：“就如同主食只有米饭、馒头和大饼，花样不是很多但能吃饱，而炒菜各家大可花样翻新、营养丰富、丰俭由人。”

沙纳说：“我倒是觉得菜品也配得差不多了，大家只能在小菜上下点工夫而已。”

沙纳又在沙滩上画了第三张表，说：“这是人保、太保和平安的公司条款，也就是在A、B、C的行业条款之外的附加险和特约条款——小菜的菜谱。”

人　保	太平洋	平　安
自燃损失险条款	自燃损失险条款	自燃损失险条款
新增加设备损失保险条款	新增设备损失险条款	新增加设备损失险条款
发动机特别损失险条款	涉水损失险条款	涉水行驶损失险条款
代步机动车服务特约条款	修理期间费用补偿特约条款	代步车费用险条款
随车行李物品损失保险条款	随车携带物品责任险条款	随车行李物品损失险条款
新车特约条款A	更换新车特约条款	车辆重置特约险条款A
新车特约条款B		车辆重置特约险条款B
车上货物责任险条款	车上货物责任险条款	车上货物责任险条款
附加交通事故精神损害赔偿责任保险条款	精神损害抚慰金责任险条款	交通事故精神损害赔偿险条款

（续表）

人　　保	太平洋	平　　安
附加油污污染责任保险条款	道路污染责任险条款	附加油污污染责任险条款
异地出险住宿费特约条款	事故附随费用特约条款	保险事故附随费用损失险条款
起重、装卸、挖掘车辆损失扩展条款	特种车车辆损失扩展险条款	特种车特约条款
特种车辆固定设备、仪器损坏扩展条款	特种车固定机具、设备损失险条款	
多次出险增加免赔率特约条款	多次事故免赔率特约条款	多次事故免赔特约条款
指定专修厂特约条款	指定专修厂特约条款	指定专修厂特约条款
法律费用特约条款	法律服务特约条款	
	车轮单独损坏险条款	车轮单独损坏险条款
	使用安全带特约条款	系安全带补偿特约险条款
	附加险不计免赔特约条款	附加险不计免赔率特约条款
附加机动车出境保险条款		
	免税车辆关税责任险条款	
	节假日行驶区域扩展特约条款	
		全车盗抢附加高尔夫球具盗窃险条款
附加换件特约条款	换件特约条款	换件特约险条款
更换轮胎服务特约条款	救援费用特约条款	
送油、充电服务特约条款		
拖车服务特约条款		
机动车停驶损失险条款		车辆停驶损失险条款
教练车特约条款		
火灾、爆炸、自燃损失险条款		
约定区域通行费用特约条款		
租车人人车失踪险条款		
	零部件、附属设备被盗窃险条款	
		车载货物掉落责任险条款

张嫣和我看着沙纳画的三张表格，不由得鼓起掌来：一个人被海水灌成这样，还能想起这么多的东西，真不简单。

7 明码标价

似乎是受到我们掌声的惊扰，皮尔森从岩石上下来，绕着小岛又走了一圈，到我们旁边看了看沙纳画的表格，到船长修理快艇的地方看了一眼，然后又一声不响地回到他刚才静坐的岩石上去，继续入定。

“还真有那么点洪七公的味道。”张嫣揶揄了一句继续问，“车险的价格又是怎么样的呢？”

沙纳说：“现在车险的费率是非常透明的，刚才说过，中国保险行业协会制定了A、B、C三款《机动车商业保险行业基本条款》，对费率的计算方法有明确的规定，而且还根据全国不同地区的情况，制定了各省市和宁波、深圳、大连、青岛、厦门等计划单列市共36个基本费率表，由各地的保险公司的分支机构根据本区域的费率表计算车险保费。”

张嫣说：“A、B、C三款保险，每一个含36张表，那总共要有108张表了。”

沙纳说：“差不多。不过数量虽多，投保人却只需要找自己所属的区域，根据自己的保险公司选择的是哪一款保险，就能够知道基础保费是多少，是非常清晰的。”

张嫣说：“你是不是也能给我们画出这108张基础费率表呢？”

沙纳说：“我没有去专门记忆，太浪费脑细胞。但是我的电脑里有，等回到旅馆，我给你们调出来看看。”

张嫣说：“你能不能回想一下上海的费率表，画出来让咱们看看一个地区之内三款保险的费率有多大的差别。”

沙纳敲了敲自己脑壳：“说上海的我没记，但北京的我可以随便画给你看。”

张嫣鼓掌：“那也不错啊。”

沙纳在沙滩上画了一张大表，《北京地区车险费率表（A 款）》（见本章附录（一），B 款、C 款的费率表见本章附录（二）和（三））。密密麻麻的数字几乎看不清。

张嫣看来半天说：“条款也有了，费率也有了，那不就成了全国统一价了嘛。我记得好像 2003 年以前，全国的车险都是一样的，统一的条款和费率，后来说要进行费率的市场化改革，结果各个公司都制定了自己的条款和费率。”

沙纳说：“是的，有那么一段。不过那段时间可是够乱的。大家都在费率竞争上下足了功夫，你便宜，我比你更便宜，至于服务，那就只能打折扣了，反正保单是我保险公司制定的，理赔时可以由我自己解释，不满意吗？爱骂骂去。价格战一打，结果形成了车险全行业亏损的局面，名声也越来越不好听。后来说不行，要由行业协会制定几套标准保单，让各个保险公司自己选择，根据标准保单制定自己的条款。当产品和价格趋同时，保险公司只能在服务上展开竞争了。这样既保证了市场上的产品不那么乱，也保证了各个公司产品设计的自由裁量权。”

张嫣说：“这倒是比较可行。”

沙纳说：“应该说，保险行业协会制定的这一套车险条款和费率体系是很科学的，它并不要求所有的保险公司都遵照一个条款，而是希望保险公司在三个基本条款中选择一个。当然，原则上，你一个也不选也没有关系，也可以另来一套。由协会制定标准保单，保险公司根据标准保单开发产品，这在发达国家也是比较成熟的做法。”

我插了一句说：“好处是显然的。一旦市场上已经有了比较通用的模板，大家做上衣的时候就不会再做成裤子，也不能再漫天要价了。”

沙纳说：“因为有了一个标准在那里，消费者就可以比较了，比如，条款、术语、合同格式、保险责任、免除责任、免赔比例大致统一了之后，保险公司想蒙人就不那么容易了。”

张嫣问：“你们说的这个是制度改革的事儿，我们车主不是很关心。其实我最想知道的是我应该选哪个条款合适。我还想知道，大致的算法是什么。”

保险费＝基础保费＋保险金额×费率

沙纳说：“这个容易。在标准条款中，比如车损险的计算方法是用基础保费加上保险金额乘以费率。而基础保费和费率是按照被保险人的类别、车辆的用途、座位数、吨位数、排量、功率、车辆使用年限所属档次计算出来的，到表上一查就出来了。”

张嫣说：“还是请举个例子吧。”

沙纳说：“好的。比如说家庭自用车分为6座以下和6—10座两个级别。6座以下再根据车龄分为1年以下、1—2年等多个档次，每个档次分别对应着不同的基础保费和费率。”

张嫣说：“具体一点。”

沙纳说：“比如一年以下的基础保费是539元，费率是1.28%。如果投保人选定的保险金额为10万元。则该车辆的保费等于539＋10万×1.28%＝1819元。如果保险金额变为15万元，则该车辆的保费＝539＋15万×1.28%＝2459元。”

张嫣说：“我明白了，基础保费是跟保额没有关系的保费，它再加上保额和费率相乘的那一块，也就是由保险金额大小决定的保费，就得出投保人需要向保险公司支付的总的保费了。不过为什么要有基础保费，而不是用保险金额乘以费率就完了呢，那不是更简单吗？”

沙纳说："从保险公司的角度看，保险公司收取的保险费也要分为两个部分来使用，一部分是将来少量汽车发生保险事故后，保险公司支付出去的所有赔款；一部分是保险公司的营运成本。赔款这一部分，那是和保险金额直接相关的，同样的损失，保险金额越高，保险公司赔的越多，所以要用保险金额乘以费率。营运成本这一部分有些和保险金额有关，还有很大的一部分跟保险金额关系不大，比如一个宝马和一个QQ，保险的签约成本和维护成本几乎是一样的，收这笔营运费用的时候，就不能再用保险金额乘以费率了。100多万的宝马和几万块钱的QQ同乘以一个营运费用率，那宝马要拿出的钱会远高于应收的营运费用，而QQ拿出的钱却会低于应收的营运费用，那就很不公平了。公平起见，应该是对所有的车都收取一笔固定的附加保费，这也就是基础保费的来历。"

张嫣说："挺科学也挺公平，看来保险真的不像我想象的那么简单。"

沙纳说："那是自然，保险是金融业务中最复杂的一块，不然我们几十万的年薪养那么多精算师干嘛？"

8 算计

沙纳有点累，长长地打了个哈欠。

张嫣站起来，如猫一般地伸伸懒腰，然后径直走到船长鼓捣游艇的地方，左瞧瞧右看看。船长看了她一眼，只是憨厚地一笑，低下头去继续干自己的活儿。

张嫣觉得无聊，返回来，围着我在沙滩上画的那张表格转圈。

看了一会，张嫣拖着腔调问："按照沙纳的说法，商业责任险差不多都是有免赔率的，而我的钱呢又是有限的，你说我是做保底好呢，还是做封顶好呢？"

我问："什么意思，要搞装修？"

张嫣笑说："就是说，如果我买车险，在钱有限的情况下，我是应该选择不计免赔特约条款呢，还是应该选择不做免赔，由自己承担小额损失，然后用买不计免赔的保险费将保险金额提高一点。"

我说："我明白你的意思了，你想以最小的成本获得最高的保障，反正也就这点钱，是管住低端呢，还是提高限额。这个得算一下。"

沙纳接茬说："所谓的'不计免赔特约条款'就是指，经特别约定，保险事故发生后，按照对应投保的险种规定的免赔率计算的、应当由被保险人自行承担的免赔金额部分，保险人负责赔偿。在不计免赔特约条款中，第三者责任保险不计免赔、机动车损失保险不计免赔、车上人员责任险不计免赔、车身划痕损失险不计免赔的费率都是保险费的 15%，而盗抢险不计免赔的费率是 20%。"（详见本章附录（四）表 A4-2）。

张嫣说："听不太明白，还是举个例子说吧。我的朋友刚买了一辆漂亮的荣威 750，花了 18.18 万元，你就拿这辆车做个例子吧。"

沙纳说："荣威 750 的新车购置价是 18.18 万元。如果在北京买保险，按 A 款险的费率，假如商业第三者责任险的保险金额选择 10 万元，保险费是 877 元，附加三者责任险不计免赔，费率是 15%，用 877 元乘以 15%，保险费等于 131.55 元。"

张嫣说："钱数倒也不多，这 131.55 元的保险费能够带来的好处是什么呢？"

沙纳说："第一，根据商业三者险的免赔规定，在交通事故中，负次要事故责任的免赔率为 5%，负同等事故责任的免赔率为 10%，负主要事故责任的免赔率为15%，负全部事故责任的免赔率为20%。因此，在保险金额是10万元的情况下，发生赔偿责任等于或超过10万元的交通事故，被保险人负次要责任时，原来免赔的10万元×5%等于5000元，保险公司要赔偿；负同等事故，原来免赔的10万元×10%等于1万元，保险公司要赔偿；负主要事故责任时，原来免赔的10万元×15%=1.5万元，保险公司要赔偿；负全部事故责任时，原来免赔的10万元×20%=2万元，保险公司要赔偿。”

“如果要是做封顶呢？”

沙纳说：“如果把保险金额从10万元提到15万元，要花的钱则增加122元，咱们再看看这张表：

保额（元）	5万	10万	15万	20万	30万	50万	100万
保险费（元）	607	877	999	1,087	1,226	1,472	1,917

→270 →122 →88 →139 →246 →445→

“将10万元的保险金额提高到15万元，多花的钱则是122元。”

张嫣说：“也就说是做保底顶多能省2万元，小于将保险金额提高的5万元。所以做封顶比做保底合适。”

沙纳说：“也不能得出这样的结论。原因是做封顶和做保底的目的是不同的，多少有点像在买帽子和买鞋之间做出选择，帽子有帽子的功能，鞋子有鞋子的作用，硬性比较会得出滑稽的结论。”

“既不能说帽子比鞋子重要，也不能说鞋子比帽子重要。”

“对。做保底对保障轻微的交通事故有利，做封顶对保障严重的交通事故，特别是对赔偿责任超出被保险人车险赔偿限额的交通事故有利。需要注意，现实的情况是交通事故多以小剐小蹭居多，同时还有考虑到交强险还要先赔一块的因素，因此不能简单地用2万元和5万元这样的数字，简单地比较这两块的好处。”

“你的意思是最好两块儿都给它保了？”

“没错，做保底和做封顶的费用都不高，和车价比起来那是非常小的，所以最好不要非得在这方面节省一点小钱儿。”

张嫣说：“还是那辆荣威 750，如果买保险，你帮我算算得花多少钱，别忘了都给打个 7 折。”

先算机动车损失险，足额保险是按新车购置价投保，保险金额是 181800 元，基础保费是 539 元，保险费率是 1.28%：保险费是 539+181800×1.28%=2866.04（元），如果打个 7 折，就是 2006.23 元。”

“商业三者险。”

“将商业第三者责任险的保额确定为 10 万元，保险费是 877 元，打个 7 折，是 613.90 元。”

“保额高一点呢？”

“保额 15 万元，保险费是 999 元，打个 7 折，是 699.30 元。保额 20 万元，保险费是 1087 元，打个 7 折，是 760.90 元。保额 30 万元，保险费是 1226 元，打个 7 折，是 858.20 元。保额 50 万元，保险费是 1472 元，打个 7 折，是 1030.40 元。保额 100 万元，保险费是 1917 元，打个 7 折，是 1341.90 元。”

“全车盗抢险。”

“全车盗抢险的固定费率是 120 元，费率是 0.53%，足额保险的保险金额是 181800 元，保险费是 120+181800×0.53%=1083.54（元），打 7 折是 758.48 元。”

“其他的保险。”

“车上人员（驾驶人）责任险的保险金额确定为 10000 元，保险费率是 0.41%，保险费是 10000×0.41%=41（元），打个 7 折是 28.70 元；车上人员（乘客）责任险的保险金额设定为 10000 元，按 4 个座位计算，10000×4×0.26%=104（元），打个 7 折是 72.80 元；附加车身划痕损失

险的保险金额设定为5000元，按费率表，车龄不满2年、新车购置价30万元以下车辆的固定保险费是570元，打个7折是399.00元。附加（国产）玻璃单独破碎险，新车购置价181800×费率0.19%=345.42（元），打个7折等于241.79元。”

“玻璃单独破碎险，赔的是玻璃，为什么要用车价乘以一个费率呢，这科学吗？”

沙纳好像从来没有考虑过这个问题，用眼光向我探询意见。

我解释说：“这的确不太科学，应该是玻璃的价格乘以费率。但也是没有办法，实务中，保险公司没法知道车玻璃的价格，汽车厂是不披露的。因此保险公司按照车价高，玻璃也好也值钱的推理，就用车价乘以费率了，当然这个费率要比用玻璃价乘的费率低得多。应该是其几十分之一。”

沙纳说：“似乎应该等于玻璃价格占整车价格的比率。”

我说："没错，应该是的。当然，不同厂家和型号的汽车，玻璃价格占整车价格比率是不相同的，那就只能取一个一般车型大致平均的比率。"

沙纳说："国产玻璃和进口玻璃的保险费率是不一样的，在北京，6座以下私家车国产玻璃的费率是0.19%，进口玻璃的费率是0.31%。"

张嫣问："按国产玻璃买的保险，维修的时候只能装国产玻璃，是吗？"

沙纳说："你也可以装进口玻璃，但保险公司只会赔给你换国产玻璃的钱。"

张嫣笑了，接着说："还有不计免赔的那一堆呢，算算。"

沙纳说："机动车损失保险7折优惠后的保险费是2006.23元，不计免赔率特约条款优惠后的保险费就是2006.23×15%，等于300.94元。车上人员（驾驶人）责任险7折后的保费是28.70元，不计免赔特约条款优惠后的保费是28.70乘以15%，等于4.30元；车上人员（乘客）责任险7折后的保费是72.80元，不计免赔的保费是72.80乘以15%，等于10.92元，加在一块是15.22元。同样算法，附加车身划痕损失险不计免赔特约条款优惠后的保险费是399.00元×15%，等于59.85元，第三者责任保险不计免赔率特约条款7折优惠后的保险费是613.90元×15% = 92.09元；全车盗抢险7折优惠后的保险费是758.48元，乘以20%，得出不计免赔率特约条款优惠后的保险费是151.70元。

张嫣说："项目还真不少，这就是所谓的全险了吧。"

沙纳在沙滩上画了画说："全加在一起，打完7折后的保险费总共合计4740.70元。"

张嫣想了想问："那企业用车和家庭用车的基础保费以及费率有区别吗？"

沙纳说："套用'老外'的话，good question，这是一个非常好的问题。”

张嫣瞧了一下坐在远处的皮尔森教授，教授仍在眯着眼望着苍茫的大海，对其他的一切似乎都置若罔闻。”

沙纳笑了笑说：“有些外国人不愿听别人说他老外，可教授不在乎，到了他们美国那一亩三分地，他天天管我们叫‘小老外’。”

大家乐。

沙纳接着说：“我继续回答一下你这个‘非常好的问题’。同样的一辆6座以下1年以内车龄的轿车，如果是在北京按照企业非营业客车投保车辆损失险，基础保费是335元，费率是1.11%，按照非营业个人客车投保车辆损失险，保险费是539元，费率是1.28%，两者基础保费相差204元，费率相差0.17%。按非营业机关客车投保则更便宜，基础保费只有259元，费率只有0.86%，比家庭用车低0.42%。这算起来可是一大笔钱耶。”

张嫣叹道：“我知道为什么老板们愿意把自己家里的车也归到企业的车里，一块儿投保了，敢情除了省去养车成本之外，保险这里也有这么多的实惠。可是我觉得公司里的车没有私家车安全啊，私家车开起来会很小心，不会像企业用车那么狠，所以费率应该更高些才对。”

沙纳说：“我也觉得企业用车没有家庭用车安全，尤其是机关用车，在公车私用非常普遍的情况下，用得那叫一个狠啊。”

我搭茬说：“我们的直观感觉可能和统计数据不太一样，保险公司的费率是根据统计数据制定的。此外，批发价和零售价那是不一样的，私家车买保险一般就是一辆，一个大企业一买就是几十辆、上百辆，管理成本低。而且，企业的车不会一次都发生碰撞，因此，这些车互相之间已经有了一个分散风险的空间了。比如，一个拥有几千辆汽车的出租车公司，公司内部的风险分散就差不多了，甚至不需要保险公司，如果费率公允，管理得当，保险公司承保这样的业务几乎只赚不赔。”

张嫣说：“所以大的出租车公司除了交强险之外，很少买其他的汽车保险，而是内部自保。”

沙纳说：“可笑的是有些小公司不明白其中的道理却也跟着仿效，结果呢，就那么几十辆车，达不到大数法则的要求，风险分散不开，一旦出点大事，差不多就全赔进去了。”

9 优惠

太阳烤干了我们的衣服，因为没有什么遮挡，有些热。

张嫣兴致不减，依旧缠着沙纳讲车险。

张嫣说：“车险经常有一些优惠，真真假假的让人搞不明白，究竟哪些是可信的呢？”

“想搞明白也不难。对车主来说，关键在于弄清楚优惠从何处而来，最可信的信息渠道是什么。”沙纳回答说：“车险优惠主要有三大类。第一类是正常的费率浮动，这是不论哪个公司都有的，保险行业协会有具体的规定，最可靠的信息来源是保监会和中国保险行业协会的网站，我一会儿全部告诉你。”

可以查到车险费率的网址是：http://www.circ.gov.cn，中国保监会网站之保险频道/财产保险/审批条款。

张嫣说：“那敢情好。”

我开玩笑：“这回你救了他的命，那‘感情’自然是越来越好了。”

沙纳很得意，还故意往张嫣跟前挪了挪。

张嫣夸张地躲一躲问：“你晾干了吗，往我身边挤？”

沙纳再凑一凑，继续说：“第二类是保险公司提供的折扣，保监会规定保险公司销售的商业车险的最大折扣是7折，这样，不同的保险公司就会在这个规定之内打折，当然，也有公司通过做活动的形式，返还一些保费或提供有价值的礼品，小公司或新公司做的活动多一些，打个擦边球什么的。”

“在同一个地区，同一家公司的车险价格应该是一样的吧？”

“因为折扣有高低，活动有大小，所以即使是在北京的八个城区，有些保险公司的各个支公司，车险的价格也是有区别的。有的多几百块钱，有的少几百块钱，都属于正常情况。”

“那就选便宜些的地方买呗。”

“也不对，因为分公司是要和支公司结算的，所以给客户便宜的支公司一定要想办法从客户那里将便宜找回来，否则没法向上级公司交代，要不大家的奖金和工资就没有了。”

“羊毛出在……”

“对。问题在于保险公司找回便宜的时候没办法从所有车险客户那里找，因为买保险的时候保费就已经交完了。保险公司找便宜只能在理赔的时候从出险的被保险人那里找。找理由这不赔，那也不赔，给你划掉几项。”

“反正便宜给你的那几百块钱总得找回去。”

“那可不是要找回几百块钱的事儿。因为买保险的人数远远多于来索赔的人数，‘千家万户才保一家’嘛，给了所有投保人的便宜，要从少量来索赔的被保险人那里找回来，那可不是容易做到，得“脸黑心黑”才可以，勒几百块钱哪里够啊。”

“所以，一些保险公司理赔人员的脸色才那么难看。”

“所以你会非常地不舒服。”

张嫣叹道：“那我还是买贵一些好，天下真是没有白捡的便宜。”

“除非你确定一年内你不会出事儿，也不会去索赔，这个便宜就可以捡。”

“能确定不出事我还买保险干什么呢，真是的。”

“是啊，是啊。”沙纳连声说。

“如果是一家保险公司统一降价或者做活动呢，这便宜值得捡吗？”

“略微值得捡些，但这样的消息需要鉴别真伪。”

“怎么鉴别？”

“直接给保险公司打电话就可以了，每个保险公司都有全国统一的客服电话，还有总公司网站，从那里得到的信息最可靠。现在好多保险公司都开通了800免费电话，也是个办法。”

张嫣问：“有没有为了抢占市场份额，保险公司超出保监会的规定偷偷降价打折什么的？”

沙纳说：“肯定有，只要有规定，就会有人违反。但他们这样做是属于违规的，一旦查实，会受到保监会的处罚。”

张嫣咯咯一笑说：“这个我不管，只要罚不到我就可以，我只需要查实这是保险公司给的折扣。”

我揶揄了她一句：“真是个理性的消费者，别忘了刚才还说过的，羊毛出在羊身上。”

沙纳说：“第三类是销售渠道优惠，目前，保监会规定保险公司销售商业车险的最大折扣是7折，但对电话车险规定有特别费率，保费最多能打5折。同样，4S店渠道也有自己的优惠。”

张嫣说：“送两个靠枕、挂件，杀个菌，打个蜡什么的。”

沙纳说：“4S店一般也是7折，再多也难了。”

张嫣说：“这个我清楚，很多4S店是为了拉客户，如果客户在他们那里买保险，他们会给客户一些其他方面的优惠，比如封个釉、贴个膜，送个地垫什么的，不过这些优惠有时候需要跟4S店去争取，你一要挟他们你要去别的地方买保险，他们一般会做出让步的。”

“用现在流行的话说，就是‘对自己狠点，对别人也狠点’。”沙纳说，“如果是代理人渠道，为了拉到业务，代理人有时候会许诺更大的折扣，但这个时候，就要千万小心了，必须搞明白，他多出来的折扣从哪里来，是返佣，是保险缩水，还是忽悠。”

张嫣问“怎么讲？”

沙纳说：“返佣是指代理人将自己在这份保险中应该赚取的佣金返还给投保人一部分，现在监管部门有规定，商业车险的佣金不能超过保险费的15%，第三者险的佣金不能超过保险费的4%，返佣当然也不可能超出这个范围，否则代理人就赔了；缩水是指代理人减少附加险的种类或降低保额，减少的保费说是我给你打的折；忽悠就是蒙人了，欺骗客户。”

张嫣说：“我怎么辨别代理人是哪一种呢，如何不被忽悠？”

沙纳说：“很简单，只要你把车险的基本类型搞清楚了，知道附加险的类型、保险金额，以及正常的费率浮动和优惠等基本知识，别人想糊弄你是不可能的。”

张嫣说：“我就不明白，保险为什么老是有什么误导和欺骗什么的呢，把行业声誉都弄砸了，我第一次见到沙纳的时候还想过，像沙纳你这么优秀的人，干吗要在保险业里混呢，让人觉得你不可靠。”

我说：“其实局部存在欺骗误导不仅仅是保险业的问题，几乎各个行业都在一定范围内和程度上存在非诚信行为。随着政治经济体制的改革，社会经济的发展，社会征信制度的完善，骗人的人会付出更惨重的代价，诚实守信就会成为自上而下的风气。所以，我们要尽可能了解和掌握足够的知识，减少上当受骗的概率。”

张嫣鼓掌，半真诚半讽刺地说：“好一番大道理！”

沙纳也鼓掌，然后说：“还有啊，在车险费率比较规范的今天，天上掉个小汤圆，还是可以接的，真要是掉个大馅饼，实在该提高警惕。常言道，买的没有卖的精啊。”

看来沙纳恢复了入水前的状态。

我说：“请沙纳顺便画一个交强险和车损险的费率浮动表吧，就是保险行业协会制定，保监会批准的那个。”

沙纳迟疑了一下说：“我怕错个小数点什么的，而且你们也记不住，不如我回去发个电子邮件给你们。”

张嫣开始晃沙纳的胳膊，娇滴滴地说：“画嘛……”

沙纳说：“好吧，先从简单的开始，这是交强险费率浮动表。”

浮动因素			浮动比率（%）
与道路交通事故相联系的浮动A	A1	上一个年度未发生有责任道路交通事故	−10
	A2	上两个年度未发生有责任道路交通事故	−20
	A3	上三个及以上年度未发生有责任道路交通事故	−30
	A4	上一个年度发生一次有责任不涉及死亡的道路交通事故	0
	A5	上一个年度发生两次及两次以上有责任道路交通事故	10
	A6	上一个年度发生有责任道路交通死亡事故	30

沙纳指点着表格解释说："有一点需要特别注意，仅发生无责任道路交通事故的，交强险费率仍可向下浮动。所以，在发生交通事故的时候，就要看自己是否有责任，没有责任，放心去索赔；如果有责任，索赔之前要权衡一下是索赔合适，还是自己承担损失、等下一年享受费率浮动合适。"

张嫣插话说："这里面好像没有你害怕写错的小数点儿。"

沙纳说："我只不过是想让你求我画。"

我说："她再怎么求你也是你的救命恩人。"

沙纳沮丧地垂下头。

张嫣说："是不是也得考虑到发生事故的时点，要是在保险合同刚开始不久发生保险事故，虽然索赔金额不大，也考虑索赔，因为还有更长的保险期在后面，再发生事故的概率还是不小，几次小事故累加在一起，总体损失还是会比下一年的费率优惠多；如果保险都快到期了，才第一次发生有责事故，就要简单地计算一下，再决定是索赔还是自负。"

"很有道理。"沙纳说，"还需要注意的是，费率浮动也有一些特殊规定，比如，首次投保交强险的机动车费率不浮动；在保险期限内，被保险机动车所有权转移，交强险费率不浮动。"

张嫣问："如果我三个以上年度都未发生有责任道路交通事故，优惠是否可以重复计算，也就是说第一年优惠了 10%，第二年又优惠了一个 20%，第三年优惠了 30%，这样加起来将优惠了 60% 吗？”

“同一项目中的优惠不能加总，只能选其中之一。还有发生有责任道路交通事故的计算区间是上期保单出单日至本期保单出单日之间。假设，你上年的保单 1 年后到期了，你没有去续保，在满期后、续保前的这段时间内发生了有责任的道路交通事故，你既得不到保险公司的赔款，下一年的费率优惠也没有了。交强险的最终保险费是这样计算的。”沙纳边说边在沙滩上写了一个公式：

交强险最终保险费＝交强险基础保险费 ×(1 ＋与道路交通事故相联系的浮动比率)。

交强险最终保险费＝交强险基础保险费×(1+与道路交通事故相联系的浮动比率)

张嫣看了看说：“我明白了。看来及时续保还是非常有必要的，为了防止出现空档，我提前续保可以不可以呢？”

沙纳说：“当然可以，但要注意，交强险保单出单日距离保单起期最长不能超过三个月。

也就是说保险公司签发交强险保单和保障责任开始的时间间隔不能超过三个月。你如果提前续保，保单可以签发，保险期开始的时间可以往后推，但往后推的时间不能超过三个月。”

张嫣说：“我大可不必那么着急。”

沙纳说：“有一些人很着急。每当到了年末都是保险公司最繁忙的时候，因为很多车险也是年末到期。有的投保人琢磨着，自己花钱买了一年的车险，也没出过什么大事，不过是一些小小的剐蹭伤，划了车漆或碰撞了些小坑，到了年末，保险也要到期了，怎么着也得从小区物业或者其他的什么地方开个证明，然后让保险公司出钱修修车，算是回回本吧。”

张嫣说：“可是一旦修了，下一年的无赔款优待不就没有了吗？”

沙纳说：“你有政策，我也对策，不是允许最多提前三个月买保险吗？那我就提前三个月买，因为之前没有理赔，所以根据保险公司车险信息平台的记录，可以享受无赔款优待，等买完下年的车险再去修今年的车，两个便宜就都可以赚到了。”

张嫣说：“原来可以这样啊，我以后也这样。”

我说：“又错了。这样做实际上未必赚便宜，因为下一年的无赔款优待虽然能够享受到，但因为有了理赔记录，后面累计两个年度和累计三个年度20%和30%的无赔款优待却没有了，交强险是这样的，商业险也是这样的。好多人以为这样做可以赚保险公司的便宜，结果却是让保险公司赚了便宜。”

张嫣惊叹一声。

沙纳说：“而且在提前投保这件事上，保险公司会比你急，他们会提前给你打电话，告诉你保单要到期了，赶紧来我们公司续保。还发生过保险公司先给你出了保单，然后再告诉你，我们已经替你投保了。”

张嫣说：“太善良了，他们为什么要对我这么好？”

沙纳说：“自然是为了留住你这个客户。当然保费他们仅仅是代交的，他们会催着你补齐。”

张嫣说：“他们这么殷勤，难道交强险真的可以赚很多钱吗，不是说不盈不亏吗，吵得沸沸扬扬的交强险暴利莫非真的存在？”

沙纳说：“这么殷勤，要是没有好处那可真是难以理解。不过这事儿得慢慢来，限额提了，费率降了，听证会也开了，事情的确是在向好的方向发展。”

张嫣说：“那我要是不补交呢？”

沙纳说：“那你就拿不到交强险的保单和标志，你就没法上路，上路可能会被罚款。”

张嫣说：“那我就不理他，换一家公司去保。”

沙纳说：“不成，因为交强险能且只能买一份，一旦你的单子出了，当地交强险的信息系统就有了记录，你就不能在当地任何一家公司再买了。”

张嫣说：“做人要厚道。”

沙纳说：“不过对这种情况，还是有人管的，只要你投诉，当地的保险监管局会重罚这样做的保险公司，还给你公道。”

张嫣说：“如果我换一家公司投保，是不是卜一年的费率优惠就没有了。”

沙纳说：“不论你换不换公司，优惠都是存在的。因为很多地方的交强险信息平台都建起来了。即使未建立车险信息平台的地区，通过保险公司之间相互报盘、简易理赔共享查询系统或者手工查询方式等，都可以实现交强险信息共享。因此，上一年你出没出事，每家保险公司都清楚，所以不会影响到你的优惠。”

张嫣说：“这就对了。商业保险的优惠也和交强险是一样的吗？”

“不一样。”沙纳拿起木棍，在沙滩上一边继续画一边说，“这一张是A款车辆损失险的费率浮动表，有点复杂，B、C两款与它大同小异。但愿没记错。”（见本章附录（五）A款费率调整系数表）

沙纳继续画：“这一张是B款险的费率调整系数表，分为个人和企业机关两个部分。”（见本章附录（六）B款费率调整系数表（个人）与B款费率调整系数表（企业、机关））

沙纳一气呵成，继续画。（见本章附录（七）C款费率调整系数表）

沙纳说：“费率调整系数采用系数连乘的方式，也就是说，费率调整系数＝系数1×系数2×系数3×……”

张嫣说：“我得算算我能打几折。我连续两年没有发生赔款，先打个0.8。”

沙纳说：“商业险和交强险在这一点的区别较大，交强险费率浮动的条件是看是否发生过有责任的道路交通事故，而商业险则是看有没有发生赔款，而不论是否有责任。”

张嫣说：“明白。我多险种同时投保，打个 0.95；在同一公司续保，打个 0.9；平均年行驶里程小于 3 万公里，打个 0.9；上一保险年度无交通违法记录，打个 0.9；没有约定行驶区域，不打折，系数是 1.0；指定驾驶人，打个 0.9；女性，打个 0.95；驾龄小于 3 年大于 1 年，系数是 1.02；年龄小于 25 岁，系数是 1.05。其他各项系数都是 1.0，各系数乘到一块，就是 $0.8\times0.95\times0.9\times0.9\times0.9\times1.0\times0.9\times0.95\times1.02\times1.05=0.51$，省了将近一半儿呢。”

沙纳说：“你算得不错，但是没有那么多，因为按照行业协会规定的系数使用规则：使用费率调整系数后，各险别的费率优惠幅度超过监管部门规定的最大优惠幅度，按照监管部门规定的最大优惠幅度执行。现在监管部门规定商业车险的最大优惠幅度是 7 折。所以你就只能获得 7 折的优惠。”

张嫣说：“这也太差劲了，我 20% 的优惠就被这么毫无道理地咔嚓掉了。”

沙纳说：“不知道是出于什么考虑，监管部门出台的政策有时候是自相矛盾的，既然给出了详细的浮动系数，就应该严格执行，这才能够体现浮动系数对于交通安全的促进作用，体现对符合浮动条件、低风险的保险消费者利益的保护。这个限折令实际上是对低风险消费者的惩罚。有了 70% 这么一个限折令，保险公司也就简单操作了，你不是不允许 7 折以下吗？那好，我给所有被保险人都是 7 折，行业协会制定的这么一个浮动费率表就全然没了作用。”

张嫣说：“不对，如果折扣率算下来，高于 70%，比如上年发生 5 次及以上赔款，系数乘了个 1.3，保险公司十有八九会按照这个标准执行。”

沙纳说：“这样的车主哪家保险公司都怕，用高费率拒之门外也是正常的。”

张嫣说：“这么说这张费率浮动表还是起到了一定的罚劣的作用。”

沙纳说：“但因为有了限折令，奖优的功能的确下降了。也许限折令的目的在于防止保险公司以费率浮动的名义竞相降价恶性竞争，但它和费率浮动表的确是有冲突的，而政策之间的冲突恰恰损害的是消费者的利益，这就违背了保险监管的根本目标。”

“沙纳你别激动，我可管不了那么多。”张嫣在沙滩上仔细辨认着字迹说：“这张表真是很有意思。”

沙纳说：“别的项目你跟我差不多，只是性别上你比我多5%的优惠。”

张嫣指点着性别优惠一栏说：“这一点有点古怪，你觉得我开车比你安全？”

沙纳说：“拐弯不打灯，刹车用脚踹，我觉得你开车很恐怖。”

张嫣说：“那为什么给我优惠。”

沙纳说：“费率的制定不是根据个人的感觉，而是根据统计资料，可能按照保险公司历年的损失数据，女性开车发生损失的概率和损失的程度就是比男性低。女性开车总不至于都像你这样吧，还是细心温柔的多些。”

附录（一）

北京地区A款车险费率表

非营业用车		车辆损失险								商业第三者责任保险							全车盗抢险		车上人员责任险		玻璃单独破碎险	
		1年以下		1—2年		2—6年		6年以上														
		基础保费(元)	费率(%)	基础保费(元)	费率(%)	基础保费(元)	费率(%)	基础保费(元)	费率(%)	5万元	10万元	15万元	20万元	30万元	50万元	100万元	基础保费(元)	费率(%)	司机座位(%)	乘客座位(%)	进口(%)	国产(%)
非营业个人	6座以下	539	1.28	513	1.22	508	1.21	523	1.24	607	877	999	1087	1226	1472	1917	120	0.53	0.41	0.26	0.31	0.19
	6—10座	646	1.28	616	1.22	609	1.21	628	1.24	562	792	895	965	1081	1287	1676	140	0.44	0.39	0.25	0.32	0.20
	10座以上	646	1.28	616	1.22	609	1.21	628	1.24	562	792	895	965	1081	1287	1676	140	0.44	0.39	0.25	0.38	0.23
非营业企业客车	6座以下	335	1.11	319	1.06	316	1.05	325	1.08	668	942	1065	1148	1287	1531	1994	120	0.47	0.41	0.25	0.26	0.14
	6—10座	402	1.05	383	1.00	379	0.99	390	1.02	620	883	1001	1083	1216	1453	1892	130	0.44	0.38	0.23	0.26	0.15
	10—20座	402	1.13	383	1.08	379	1.07	390	1.10	731	1044	1186	1284	1445	1727	2249	130	0.44	0.39	0.23	0.29	0.16
	20座以上	419	1.13	399	1.08	395	1.07	407	1.10	856	1262	1449	1585	1799	2172	2829	140	0.52	0.40	0.24	0.31	0.16
非营业机关客车	6座以下	259	0.86	247	0.82	245	0.81	252	0.84	568	801	905	976	1093	1301	1695	110	0.40	0.39	0.24	0.26	0.14
	6—10座	311	0.82	296	0.78	293	0.77	302	0.79	544	766	866	935	1047	1245	1622	120	0.37	0.36	0.22	0.26	0.14
	10—20座	311	0.86	296	0.82	293	0.81	302	0.84	650	915	1034	1115	1249	1487	1936	120	0.37	0.37	0.22	0.29	0.16
	20座以上	324	0.86	309	0.82	306	0.81	315	0.84	893	1257	1422	1533	1717	2044	2661	130	0.44	0.39	0.24	0.31	0.16
非营业货车	2吨以下	254	0.98	242	0.93	240	0.92	247	0.95	775	1092	1235	1332	1491	1775	2313	130	0.50	0.46	0.28	0.17	0.11
	2—5吨	328	1.26	312	1.20	309	1.19	318	1.22	1014	1466	1671	1817	2052	2463	3209	130	0.50	0.46	0.28	0.17	0.11
	5—10吨	358	1.38	341	1.31	338	1.30	348	1.34	1276	1819	2065	2235	2513	3004	3911	130	0.50	0.46	0.28	0.17	0.11
	10吨以上	236	1.67	225	1.59	223	1.58	229	1.63	1758	2477	2801	3020	3382	4027	5243	130	0.50	0.46	0.28	0.17	0.11
	低速载货汽车	216	0.83	206	0.79	204	0.78	210	0.81	660	929	1050	1132	1268	1509	1966	130	0.50	0.46	0.28	0.17	0.11

附录（二）

北京地区 B 款车险费率表

家庭自用汽车与非营业用车		第三者责任保险							机动车损失保险								车上人员责任险		盗抢险		玻璃单独破碎险	
									1年以下		1—2年		2—6年		6年以上							
		5万(元)	10万(元)	15万(元)	20万(元)	30万(元)	50万(元)	100万(元)	基础保费(元)	费率(%)	基础保费(元)	费率(%)	基础保费(元)	费率(%)	基础保费(元)	费率(%)	驾驶人(%)	乘客(%)	基础保费(元)	费率(%)	国产玻璃(%)	进口玻璃(%)
家庭自用汽车	6座以下	607	877	999	1087	1226	1472	1917	539	1.28	513	1.22	508	1.21	523	1.24	0.41	0.26	120	0.53	0.19	0.31
	6—10座	562	792	895	965	1081	1287	1676	646	1.28	616	1.22	609	1.21	628	1.24	0.39	0.25	140	0.44	0.20	0.32
	10座以上	562	792	895	965	1081	1287	1676	646	1.28	616	1.22	609	1.21	628	1.24	0.39	0.25	140	0.44	0.23	0.38
企业非营业客车	6座以下	668	942	1065	1148	1287	1531	1994	335	1.11	319	1.06	316	1.05	325	1.08	0.41	0.25	120	0.47	0.14	0.26
	6—10座	620	883	1001	1083	1216	1453	1892	402	1.05	383	1.00	379	0.99	390	1.02	0.38	0.23	130	0.44	0.15	0.26
	10—20座	731	1044	1186	1284	1445	1727	2249	402	1.13	383	1.08	379	1.07	390	1.10	0.39	0.23	130	0.44	0.16	0.29
	20座以上	856	1262	1449	1585	1799	2172	2829	419	1.13	399	1.08	395	1.07	407	1.10	0.40	0.24	140	0.52	0.16	0.31
党政机关、事业团体非营业客车	6座以下	568	801	905	976	1093	1301	1695	259	0.86	247	0.82	245	0.81	252	0.84	0.39	0.24	110	0.40	0.14	0.26
	6—10座	544	766	866	935	1047	1245	1622	311	0.82	296	0.78	293	0.77	302	0.79	0.36	0.22	120	0.37	0.14	0.26
	10—20座	650	915	1034	1115	1249	1487	1936	311	0.86	296	0.82	293	0.81	302	0.84	0.37	0.22	120	0.37	0.16	0.29
	20座以上	893	1257	1422	1533	1717	2044	2661	324	0.86	309	0.82	306	0.81	315	0.84	0.39	0.24	130	0.44	0.16	0.31
非营业货车	2吨以下	775	1092	1235	1332	1491	1775	2313	254	0.98	242	0.93	240	0.92	247	0.95	0.46	0.28	130	0.50	0.11	0.17
	2—5吨	1014	1466	1671	1817	2052	2463	3209	328	1.26	312	1.20	309	1.19	318	1.22	0.46	0.28	130	0.50	0.11	0.17
	5—10吨	1276	1819	2065	2235	2513	3004	3911	358	1.38	341	1.31	338	1.30	348	1.34	0.46	0.28	130	0.50	0.11	0.17
	10吨以上	1758	2477	2801	3020	3382	4027	5243	236	1.67	225	1.59	223	1.58	229	1.63	0.46	0.28	130	0.50	0.11	0.17
	低速载货汽车	660	929	1050	1132	1268	1509	1966	216	0.83	206	0.79	204	0.78	210	0.81	0.46	0.28	130	0.50	0.11	0.17

附录（三）

北京地区 C 款车险费率表

险别		机动车第三者责任险（元）							机动车损失险（元）										车上人员责任险		全车盗抢损失险		玻璃单独破碎险	
使用性质	车辆种类	5万元	10万元	15万元	20万元	30万元	50万元	100万元	0—1年		1—4年		4—6年		6—8年		8年以上		司机座位	乘客座位				
									基本保费（元）	费率（%）	基本保费（元）	费率（%）	基本保费（元）	费率（%）	基本保费（元）	费率（%）	基本保费（元）	费率（%）	费率（%）	费率（%）	基本保费（元）	费率（%）	国产玻璃（%）	进口玻璃（%）
家庭自用汽车	6座以下客车	607	876	999	1087	1226	1472	1917	539	1.28	508	1.21	513	1.22	523	1.24	529	1.26	0.41	0.26	120	0.53	0.19	0.31
	6—10座客车	562	791	894	964	1080	1286	1675	646	1.28	609	1.21	616	1.22	628	1.24	634	1.26	0.39	0.25	140	0.44	0.20	0.32
	10座及以上客车	562	791	894	964	1080	1286	1675	646	1.28	609	1.21	616	1.22	628	1.24	634	1.26	0.39	0.25	140	0.44	0.23	0.38
党政机关、事业团体用车	6座以下客车	568	801	905	976	1093	1301	1695	259	0.86	245	0.81	247	0.82	252	0.84	255	0.85	0.39	0.24	110	0.40	0.14	0.26
	6—10座客车	544	766	866	935	1047	1245	1622	311	0.82	293	0.77	296	0.78	302	0.79	305	0.80	0.36	0.22	120	0.37	0.14	0.26
	10—20座客车	650	915	1035	1116	1250	1488	1937	311	0.86	293	0.81	296	0.82	302	0.84	305	0.85	0.37	0.22	120	0.37	0.16	0.29
	20—36座客车	893	1257	1422	1534	1717	2045	2662	324	0.86	306	0.81	309	0.82	315	0.84	318	0.85	0.39	0.24	130	0.44	0.16	0.31
	36座及以上客车	893	1257	1422	1534	1717	2045	2662	324	0.86	306	0.81	309	0.82	315	0.84	318	0.85	0.39	0.24	130	0.44	0.16	0.31
	2吨以下货车	775	1092	1235	1332	1491	1775	2312	254	0.98	240	0.92	242	0.93	247	0.95	249	0.96	0.46	0.28	130	0.50	0.11	0.17
	2—5吨货车	1014	1466	1671	1817	2052	2462	3208	328	1.26	309	1.19	312	1.20	318	1.22	322	1.24	0.46	0.28	130	0.50	0.11	0.17
	5—10吨货车	1276	1818	2065	2234	2512	3002	3910	358	1.38	338	1.30	341	1.31	348	1.34	352	1.35	0.46	0.28	130	0.50	0.11	0.17
	10吨及以上货车	1758	2477	2801	3020	3382	4026	5242	236	1.67	223	1.58	225	1.59	229	1.63	232	1.64	0.46	0.28	130	0.50	0.11	0.17
	低速载货汽车	660	929	1050	1133	1269	1510	1967	216	0.83	204	0.78	206	0.79	210	0.81	212	0.81	0.46	0.28	130	0.50	0.11	0.17
企业非营业用车	6座以下客车	668	942	1065	1147	1286	1531	1993	335	1.11	316	1.05	319	1.06	325	1.08	329	1.09	0.41	0.25	120	0.47	0.14	0.26
	6—10座客车	620	882	1001	1082	1216	1452	1891	402	1.05	379	0.99	383	1.00	390	1.02	394	1.03	0.38	0.23	130	0.44	0.15	0.26
	10—20座客车	731	1044	1186	1283	1444	1727	2248	402	1.13	379	1.07	383	1.08	390	1.10	394	1.11	0.39	0.23	130	0.44	0.16	0.29
	20—36座客车	856	1262	1448	1584	1798	2171	2828	419	1.13	395	1.07	399	1.08	407	1.10	411	1.11	0.40	0.24	140	0.52	0.16	0.31
	36座及以上客车	856	1262	1448	1584	1798	2171	2828	419	1.13	395	1.07	399	1.08	407	1.10	411	1.11	0.40	0.24	140	0.52	0.16	0.31
	2吨以下货车	775	1092	1235	1332	1491	1775	2312	254	0.98	240	0.92	242	0.93	247	0.95	249	0.96	0.46	0.28	130	0.50	0.11	0.17
	2—5吨货车	1014	1466	1671	1817	2052	2462	3208	328	1.26	309	1.19	312	1.20	318	1.22	322	1.24	0.46	0.28	130	0.50	0.11	0.17
	5—10吨货车	1276	1818	2065	2234	2512	3002	3910	358	1.38	338	1.30	341	1.31	348	1.34	352	1.35	0.46	0.28	130	0.50	0.11	0.17
	10吨及以上货车	1758	2477	2801	3020	3382	4026	5242	236	1.67	223	1.58	225	1.59	229	1.63	232	1.64	0.46	0.28	130	0.50	0.11	0.17
	低速载货汽车	660	929	1050	1133	1269	1510	1967	216	0.83	204	0.78	206	0.79	210	0.81	212	0.81	0.46	0.28	130	0.50	0.11	0.17

附录（四）

车身划痕险与特级条款

表A4–1　车身划痕险

车龄	保额（元）	新车购置价（元）		
		30万以下	30—50万	50万以上
2年以下	2000	400	585	850
	5000	570	900	1100
	10000	760	1170	1500
	20000	1140	1780	2250
2年及以上	2000	610	900	1100
	5000	850	1350	1500
	10000	1300	1800	2000
	20000	1900	2600	3000

表A4–2　不计免赔率特约条款

适用险种	费率（%）
第三者责任保险	15
机动车损失保险	15
车上人员责任险	15
车身划痕损失险	15
盗抢险	20

表A4–3　可选免赔额特约条款

免赔额（元）	新车购置价（元）					
	5万以下	5—10万	10—20万	20—30万	30—50万	50万以上
300	0.89	0.92	0.94	0.96	0.97	0.98
500	0.79	0.85	0.89	0.93	0.95	0.96
1000	0.68	0.74	0.84	0.88	0.90	0.93
2000	0.54	0.58	0.70	0.78	0.86	0.89

表A4–4　可选免陪系数

地　区	免赔额（元）	新车购置价（元）					
		5万以下	5—10万	10—20万	20—30万	30—50万	50万以上
北京、新疆、甘肃、湖北、大连、内蒙古	300	0.87	0.92	0.94	0.95	0.97	0.98
	500	0.76	0.84	0.89	0.93	0.95	0.96
	1000	0.65	0.74	0.83	0.88	0.90	0.93
	2000	0.52	0.58	0.69	0.78	0.85	0.89
上海、黑龙江、吉林、辽宁、江苏、山东、青岛、海南、广西、四川、重庆、云南、贵州、江西、无锡、苏州	300	0.89	0.92	0.94	0.96	0.97	0.98
	500	0.79	0.85	0.89	0.93	0.95	0.96
	1000	0.68	0.74	0.84	0.88	0.90	0.93
	2000	0.54	0.58	0.70	0.78	0.86	0.89
广东、天津、宁夏、陕西、河南、浙江、宁波、安徽、福建、厦门、青海、山西、东莞、佛山	300	0.90	0.93	0.95	0.96	0.97	0.98
	500	0.81	0.87	0.91	0.94	0.96	0.96
	1000	0.71	0.78	0.84	0.88	0.91	0.93
	2000	0.58	0.62	0.71	0.78	0.86	0.90
深圳、湖南、河北、西藏	300	0.92	0.94	0.95	0.96	0.97	0.98
	500	0.84	0.89	0.92	0.94	0.96	0.97
	1000	0.75	0.82	0.87	0.89	0.91	0.94
	2000	0.62	0.68	0.76	0.80	0.88	0.91

附录（五） A款费率调整系数表

序号	项目	内容	系数	适用范围
1	无赔款优待及上年赔款记录	连续3年没有发生赔款	0.7	所有车辆
		连续2年没有发生赔款	0.8	
		上年没有发生赔款	0.9	
		新保或上年赔款次数在3次以下	1.0	
		上年发生3次赔款	1.1	
		上年发生4次赔款	1.2	
		上年发生5次及以上赔款	1.3	
2	多险种同时投保	同时投保车损险、三者险	0.95—1.00	
3	客户忠诚度	首年投保	1.00	
		续保	0.90	
4	平均年行驶里程	平均年行驶里程＜30000公里	0.90	
		平均年行驶里程≥50000公里	1.1—1.3	
5	安全驾驶	上一保险年度无交通违法记录	0.90	
6	约定行驶区域	省内	0.95	所有车辆
		固定路线	0.92	不适用于家庭自用车
		场内	0.80	
7	承保数量	承保数量＜5台	1.00	不适用于家庭自用车
		5台≤承保数量＜20台	0.95	
		20台≤承保数量＜50台	0.90	
		承保数量≥50台	0.80	
8	指定驾驶人	指定驾驶人员	0.90	仅适用于家庭自用车
9	性别	男	1.00	
		女	0.95	
10	驾龄	驾龄＜1年	1.05	
		1年≤驾龄＜3年	1.02	
		驾龄≥3年	1.00	
11	年龄	年龄＜25岁	1.05	
		25岁≤年龄＜30岁	1.00	
		30岁≤年龄＜40岁	0.95	
		40岁≤年龄＜60岁	1.00	
		年龄≥60岁	1.05	
12	经验及预期赔付率	40%及以下	0.7—0.8	仅适用于车队
		40%—60%	0.8—0.9	
		60%—70%	1.00	
		70%—90%	1.1—1.3	
		90%以上	1.3以上	
13	管理水平	根据风险管理水平和业务类型	0.7以上	
14	车辆损失险车型	特异车型、稀有车型、古老车型	1.3—2.0	所有车辆

附录（六）（Ⅰ） B款费率调整系数表(个人)

费率因子		系数值	说明	使用范围
指定驾驶人C1	C1a	0.9	指定驾驶人	非营业个人车辆
	C1b	1	未指定驾驶人	
驾驶人年龄C2	C2a	1.05	年龄<25岁	非营业个人车辆
	C2b	1	25岁≤年龄<30岁	
	C2c	0.95	30岁≤年龄<40岁	
	C2d	1	40岁≤年龄<60岁	
	C2e	1.05	年龄≥60岁	
驾驶人性别C3	C3a	1	男	非营业个人车辆
	C3b	0.95	女	
驾驶人驾龄C4	C4a	1.05	驾龄<1年	非营业个人车辆
	C4b	1.02	1年≤驾龄<3年	
	C4c	1	3年≤驾龄	
行驶区域C5	C5a	1	境内	所有个人车辆
	C5b	0.95	省内	
	C5c	0.92	固定路线	营业个人车辆
平均年行驶里程（公里）C6	C6a	0.9	[0,30000)	所有个人车辆
	C6b	1	[30000,50000)	
	C6c	1.1—1.3	≥50000	
投保年度C7	C7a	1	首年投保	所有个人车辆
	C7b	0.9	续保	
交通违法记录C8	C8a	0.9	上一保险年度无交通违法记录	所有个人车辆
	C8b	1	上一保险年度有交通违法记录	
以往保险年度索赔记录C9	C9a	0.7	连续3年及以上无赔款记录	所有个人车辆
	C9b	0.8	连续两年无赔款记录	
	C9c	0.9	上年无赔款记录	
	C9d	1	上年发生2次及以下赔款或首年投保	
	C9e	1.1	上年发生3次赔款	
	C9f	1.2	上年发生4次赔款	
	C9g	1.3	上年发生5次及以上赔款	
多险别投保优惠C10	C10a	0.95—1	同时投保车辆损失险及商业第三者责任险的，所有险别最高优惠5%	所有个人车辆
绝对免赔额C11	C11a		详见免赔额系数表	所有个人车辆
	……			
车辆损失险车型C12	C12	1.3—2.0	老、旧、新、特车型	所有个人车辆

附录（六）（Ⅱ） B款费率调整系数表(企业、机关)

费率因子		系数值	说明	使用范围
承保数量C1	C1a	1	承保数量<5台	所有机关、企业车辆
	C1b	0.95	5≤承保数量<20台	
	C1c	0.9	20≤承保数量<50台	
	C1d	0.8	50台≤承保数量	
行驶区域C2	C2a	1	境内	所有机关、企业车辆
	C2b	0.95	省内	
	C2c	0.92	固定路线	
	C2d	0.8	场内	
投保年度C3	C3a	1	首年投保	所有机关、企业车辆
	C3b	0.9	续保	
以往保险年度索赔记录C4	C4a	0.7	连续3年及以上无赔款记录	所有机关、企业车辆（不能与经验/预期赔付率系数同时使用）
	C4b	0.8	连续两年无赔款记录	
	C4c	0.9	上年无赔款记录	
	C4d	1	上年发生2次及以下赔款或首年投保	
	C4e	1.1	上年发生3次赔款	
	C4f	1.2	上年发生4次赔款	
	C4g	1.3	上年发生5次及以上赔款	
经验/预期赔付率C5	C5a	0.7	30%以下	所有机关、企业车辆（不能与车队管理系数同时使用）
	C5b	0.7—0.8	30%—50%	
	C5c	0.8—1.0	50%—65%	
	C5d	1.0—1.4	65%—90%	
	C5e	1.4—2.0	90%以上	
车队管理C6	C6a	0.7—1.3	根据车队管理水平和业务类型确定	所有机关、企业车辆（不能与经验/预期赔付率系数同时使用）
绝对免赔额C7	C7a		详见免赔额系数表	所有机关、企业车辆
	…..			
车辆损失险车型C8	C8	1.3—2.0	老、旧、新、特车型	所有企业、机关车辆
平均年行驶里程（公里）C9	C9a	0.9	[0,30000)	所有企业、机关车辆
	C9b	1	[30000,50000)	
	C9c	1.1—1.3	≥50000	
多险别投保优惠C10	C10a	0.95—1	同时投保车辆损失险及商业第三者责任险的，所有险别最高优惠5%	所有企业、机关车辆
交通违法记录C11	C11a	0.9	上一保险年度无交通违法记录	所有企业、机关车辆
	C11b	1	上一保险年度有交通违法记录	

附录（七） C款费率调整系数表

系数名称		系数值					说明
无赔款折扣	档次	上年发生5次及5次以上赔款	上年发生4次赔款	上年发生3次赔款	新保或上年发生3次以下赔款	上年无赔款	无
	系数	1.30	1.20	1.10	1.00	0.90	
	档次	连续2年无赔款	连续3年及3年以上无赔款	——	——	——	
	系数	0.80	0.70	——	——	——	
交通违法	档次	上年有交通违法	上年无交通违法	——	——	——	
	系数	1.00	0.90	——	——	——	
平均年行驶里程（公里）	档次	<30000公里	[30000公里，50000公里)	≥50000公里	——	——	
	系数	0.90	1.00	1.10—1.30	——	——	
客户忠诚度	档次	首年投保	续保	——	——	——	
	系数	1.00	0.90	——	——	——	
多险种投保优惠	档次	同时投保车损、三责	——	——	——	——	
	系数	0.95—1.00	——	——	——	——	
指定驾驶人	档次	不指定	指定驾驶人	——	——	——	仅适用于家庭自用汽车
	系数	1.00	0.90	——	——	——	
驾驶人性别	档次	男	女	——	——	——	
	系数	1.00	0.95	——	——	——	
驾驶人年龄	档次	年龄<25岁	25岁≤年龄<30岁	30岁≤年龄<40岁	40岁≤年龄<60岁	年龄≥60岁	
	系数	1.05	1.00	0.95	1.00	1.05	
驾驶人驾龄	档次	驾龄<1年	1年≤驾龄<3年	驾龄≥3年	——	——	
	系数	1.05	1.02	1.00	——	——	
承保数量	档次	承保车辆数<5台	5台≤承保车辆数<20台	20台≤承保车辆数<50台	承保车辆数≥50台	不适用于家庭自用汽车	
	系数	1.00	0.95	0.90	0.80		
行驶区域	档次	境内	省内	固定路线	场内	固定路线和场内不适用于家庭自用汽车	
	系数	1.00	0.95	0.92	0.80		
老、旧、新、特车型系数		1.30-2.00				仅适用于车损险	
车队赔付率调整系数		≥0.70				仅适用于车队	
车队管理水平调整系数		≥0.70					

注：摩托车、拖拉机不适用以上系数。

第3章

一步一步来

保险知识点

1. 如何选择保险公司
2. 如何选择保险购买渠道
3. 车险流程
4. 索赔程序
5. 快速处理程序
6. 重复保险
7. 代位追偿
8. 赔款计算

1 窃听

回到我们下榻的宾馆，皮尔森教授让大家赶紧收拾东西，在楼下餐厅用餐后向蓬莱仙岛进发。这几天发生的事情有些蹊跷，大家都觉得此地不是久留之所，还是早点离开为妙。

和所有老外一样，教授收拾了两个大包。大一点的扔在宝马后排座位上，小一点的随身携带，然后依然坐到我驾驶的荣威 550 副驾驶的座位上。

青岛和蓬莱很近，也就 3 个小时左右的车程。在莱阳和栖霞路段窄小的山区公路上，我明显感觉到皮尔森教授有些紧张，教授眼神机警地观察着靠近的各种车辆。我也小心驾驶，全神贯注。特别是在一些陡峭狭窄的山路上，如果有一辆大车从内侧撞过来，那我们可真就在劫难逃了。

还好，在这些危险的路段，什么事情也没有发生。

车一进蓬莱境内，皮尔森松了一口气。从随身的旅行包里拿出一个小盒子，按了一下盒子上的按钮。里面竟然传出张嫣和沙纳的说话声。

我大吃一惊，皮尔森教授竟然在搞窃听！

皮尔森诡秘地一笑，说："我不是对个人隐私有什么兴趣，我只不过是想弄明白一些事情。这样做不好，但以后你会理解的。"

我好奇心大起，也想听听沙纳和张嫣两个人在车里说些什么，因此并不反对。不过还是不由自主地想起了 2007 年一部很好玩的悬疑电影《好奇害死猫》。

小盒子里传来张嫣轻松的笑声，然后听到她问："你能不能告诉我，我究竟应该选择什么样的保险公司，而且应该在哪里买车险好呢，是买电话车险，还是到4S店、修车厂、汽车俱乐部，或者通过代理人，再或者是直接到保险公司去买呢？"

真够敬业的，两个人竟然还是在讨论保险问题。

"你知道的地方还真不少。不过你这两个问题并没有确切的答案，只有一些基本原则，因为不同的保险公司和不同的渠道，各有自己的优势和劣势，买哪家保险公司的产品，通过什么渠道，是因人而异、因车而异的，不能一概而论。"

"愿闻其详。"

自从行业协会的ABC条款被各家公司采用之后，保险公司从车险产品的保险种类、保障范围再到基本费率，差别已经不大了；但服务内容和服务能力还是有不小差别的。

沙纳说："自从行业协会的ABC条款被各家公司采用之后，保险公司从车险产品的保险种类、保障范围再到基本费率，差别已经不大了；但服务内容和服务能力还是有不小差别的。比如说，如果你的车经常去外地，最好买全国性大公司的车险产品，因为这些公司到处都有分支机构，可以提供更及时的救援和理赔服务。"

"如果我的车只在北京开，很少出去呢？"

"那关系就不大了，虽然在北京市区，大公司的网点一般也比小公司密集，但找到小公司的网点也不是什么难事。"

"买小公司保险的好处是什么？"

"大有大的优势，小有小的好处。就像你去吃饭，大饭店的服务生虽然也彬彬有礼，但可能没有小饭馆那么热情贴心。"

"也有又脏又冷的小饭馆。"

"那是不想干了，要歇业破产了。"

张嫣问："那保险公司会不会破产？"

"卖车险的都是财产保险公司，和寿险公司不一样，产险公司破产的可能性更大些。"

“那是为什么？”

沙纳说：“财产保险都是短险，一般是一年左右，不像人身保险一保几十年，并涉及千千万万个家庭。产险公司破产的影响面不像寿险公司那么大。我国的保险法规定，寿险公司除了分立、合并外，是不能解散的，至于破产，那也是要经过严格的法定程序，由其他的寿险公司来接盘的，如果没有寿险公司能接得了或者没人愿意接，还得成立一个寿险公司的联合体来接，实在不行，财政也会兜底。”

“那倒是很安全。”

“是啊。比如美国的AIG，也就是在中国销售寿险的友邦保险公司和销售财产保险的美亚保险公司的母公司，当在华尔街金融风暴中发生财务危机的时候，政府就购买其股权，使之国有化了。财产保险则不一样，除了由各家保险公司凑份子组成的保险保障基金之外，如果偿付能力的问题无法解决，破产就是很自然的事儿，尤其是在2009年保险法第二次修订，保险公司的退出机制形成之后，未来肯定会有少量的财产保险公司破产。”

“就是说以后选择保险公司需要更加慎重。”

“其实，如果投保人精明一点，基本上是不会受到保险公司破产之害的，因为一家财产保险公司破产之前，其偿付能力出现问题应该有很长时间，至少一两年了，保险监管部门会通过各种渠道向社会公布，在保险市场中，这样的公司类似于股票市场上的ST股，即使它很危险，你不去招惹它，也不会有什么损失。”

如果投保人精明一点，基本上是不会受到保险公司破产之害的。

“ST股一旦重组了，股票持有人还可以大赚一笔。保险也这样吗？”

“和股票市场不一样的是，ST股票公司如果有个兼并重组、资产注入什么的，它可能会乌鸡变凤凰，能给股票持有者带来超额收益，可是保险公司即使兼并重组变凤凰了，投保人也不过是保住了自己原来的利益，不能获得什么超额收益，买这样的保险公司的产品，冒险实在是不值当的。如果明知是陷阱，还要往里跳，那可真是自寻死路，连同情都不值得给。”

张嫣问：“买同一家公司不同分公司的保险是不是没有区别，比如，我是上海的车，在朋友的劝说下，在上海买了某保险公司苏州分公司的车险，和买该保险公司上海分公司的车险是不是一样？”

沙纳说：“按保监会发布的《保险公司管理规定》，这叫异地展业，是不允许的，但一些地方的保险分支机构有时候为了抢业务，也到外地去销售车险。这其实是违规的。”

“那如果我自己到苏州去买了车险，算保险公司违规吗？”

“那当然不算了。”

张嫣说：“出了事能得到赔偿吗？”

沙纳说：“一般来说，这两种情况还是能够得到赔偿的，但是，如果第一年没出事，第二年在本地买车险时，无赔款优待可能就没有了。

而且如果是交强险的话，验车会有麻烦，有些地方根本就不给验车。当然无论是交强险，还是商业险，理赔都会比较麻烦。”

“救援服务有差别吗？”

“如果公司的救援服务体系是全国性的甚至是全球救援，也是没问题的，但是在上海当地买保险才可能享受到的一些增值性的救助服务，比如送油啊，现场抢修这些增值服务可能就享受不到了。”

张嫣说：“所以买车险的时候还不能犯糊涂，得搞清对方是不是本地的保险分支机构？”

沙纳说：“在沿海一带，还有香港或澳门的保险公司来推销保险呢，那就更没谱了。”

张嫣说：“敢情保险也有“走私”啊。”

沙纳说：“有啊。所以要避开选择保险公司过程中的陷阱。然后要看保险公司的信誉状况了。有些保险公司的运营比较规范，也能够做到诚实守信，当赔则赔，决不拖沓抵赖，服务也非常好。”

要避开选择保险公司过程中的陷阱。

张嫣问：“可是，从哪里知道保险公司的信誉状况呢？”

沙纳说：“亲戚、朋友、同学、同事与保险公司接触的真实感觉，广播、电视、报纸、网络等新闻媒体，都有一些零碎的信息，平时注意收集一些，自然能够选择到比较好的保险公司。”

张嫣问：“一些保险公司提供的特色服务有没有价值。”

沙纳说：“有些特色服务非常贴心，当然是有价值了，有的公司，比如中国人保就提供车险管家服务，就很方便。”

“这个名字倒很有趣。”

沙纳说：“车险管家服务的大致意思是，如果你的时间非常紧张，没有时间投保，没时间修车，更没时间办理保险理赔。你只需要打个电话，保险公司就派人上门把车接走，并按照你的指令到你指定的修理点办理修车和相关的保险手续，修完再把车辆送回到你指定的地点。”

张嫣说："要是他把我的车开跑了，再也不回来了，怎么办？要是没修好怎么办？要是它把我的车弄坏了，怎么办？要是他把我的车开了去，偷偷地再撞一下或者拿大锤砸，然后修好，这样他从保险公司拿了1万元的赔款，只给了我3000元又怎么办？"

沙纳说："为了解决你这四个'怎么办'，保险公司还设计了一套车主监控体系。取车的时候保险公司的工作人员会和你签一个车辆托管的协议，以合同的形式保障你的权利，在托管过程当中你可以通过互联网监控你车辆的情况，你只要在保险公司的网站上输入你的车牌号，发动机号就可以查到这辆车相关的索赔过程，照片什么样，赔偿金额多少，可以实时进行监控。保险公司的工作人员真的将车开跑了，保险公司会按价赔偿，若没修好，保险公司会免费重修，保险公司还提供你指定的修理厂的相关票据。车一旦被弄坏了，保险公司也负责赔偿。"

张嫣说："是不是这些服务也得花钱？"

沙纳说："花钱算什么特色服务，都是免费的。"

张嫣问："对于车险来说，选公司重要，还是选投保渠道重要？"

沙纳说："当然是都重要，不过相比较而言，选好买车险的渠道更重要些，因为产品和价格区分度不大，服务好坏则只有在发生保险事故之后才体现出来，而且，买车险的渠道也和服务的提供有着直接关系。"

张嫣说："比如说？"

沙纳说："比如说，通过4S店投保的特点是简单。4S店一般会选择一两家保险公司，作为所选保险公司的兼业代理。在这里买车险非常简单，一般不用和保险公司的工作人员照面，4S店的服务专员就把这事给办了，投保人只需要签几个字交了保险费就可以了。以后一旦出了保险事故，就直接把车开到4S店修理，4S店提供修车理赔一条龙服务，车主修车时不用自己垫付维修费用，4S店直接跟保险公司结算。"

张嫣问："如果投保人的保险公司不是4S店的合作伙伴呢？"

沙纳说："投保人最好从与4S店有合作关系的保险公司买保险。因为多数情况下，保险公司定损的额度和4S店、修车店价格不一样，而且有时候差距还会比较大。比如保险公司给你的厘定的损失是8000元，4S店说，没有10000元是修不了的，这个时候，就会有麻烦或纠纷。"

"为什么会这样呢？"

"因为保险公司厘定损失通常是按照当地修车店的一般标准，而不同的修车店之间是存在价格差异的。特别是要以质量和服务取胜的4S店，在那里修车的价格一般会高于路边店，甚至高很多，都是再正常不过的。"

"你的意思是，在与自己投保的保险公司有合作关系的4S店修车，就不会受到保险公司厘定的损失额度和4S店的修车报价不一致的困扰了。"

"一般就是这样的。这样你就不用管保险公司和4S店怎么协商了，只管修好提车就可以了。为了吸引客户，一些保险公司提供所谓的'直赔'服务，价格协商与费用支付在保险公司与4S店或修车厂之间进行，客户也不用操心。"

张嫣："是不是一定要通过4S店买车险才可以这么方便？"

沙纳说："当然不一定是非要通过4S来买，比如有一家4S店和平安保险公司有合作关系，你通过电话买完折扣更高的车险，再到4S店修车，那和在4S店买的车险差不多是一样的。"

张嫣问："在4S店买车险有没有什么不方便的地方？"

沙纳说："也有一些，如果是单方事故，自己的车撞墙了，刮树了，4S店买的车险最方便，开过去修完就开以开走了，但如果是双方事故，你的车撞了别人的车。在车险代理点买的车险，一些代理点会提供一些特别的服务，比如开车来现场救援，协助处理对方车辆的维修与理赔事务，甚至为对方垫付修车费用，无责的时候代替你和对方谈判等，4S

店一般不管这些。”

“是这样。”张嫣说，“考考你，汽车 4S 店的 4 个 S，除了 Sale——销售、Service——售后服务之外，还有什么？”

沙纳卡壳。

张嫣得意地说：“我还以为你什么都知道呢，告诉你吧，是 Sparepart——零配件和 Survey——信息反馈。”

沙纳不好意思地笑笑：“我就知道 4S 店是一种汽车特许经营模式，20 世纪末从欧洲传到中国来的。”

“我还以为和你一样都是从美国传来的呢。哈哈。”张嫣问，“如果一开始在 4S 店投保了，是不是就应该一直在 4S 店投保？”

沙纳说：“如果是新车，或者是在保修期内，图省事，在 4S 店投保是很好的选择，但如果已经超出了保修期，则可以考虑选择其他渠道，比如电话车险或者一些保险服务比较到位的汽车美容中心或者修理厂。因为不论是修车，还是保险，4S 店的价格一般都要高些，而电话车险的优势是更便宜，汽车保修期内修车可以不考虑价格，但过了保修期，选择在什么地方修车，除了质量外，价格也是一个重要的因素。”

张嫣问：“所有的公司都提供电话车险吗？”

沙纳说：“现在还不是的，目前保监会只批准了中国平安、中国人保和太平洋等部分公司开展电话车险业务，估计慢慢地就都可以了。”

张嫣问：“网上买车险怎么样？”

沙纳说：“也不错，对年轻人很有吸引力的，而且双方都节省成本。因为现在的车险都被 A、B、C 条款给标准化了，所以网上投保也未尝不可，便于比较和选择。”

张嫣问：“网上车险便宜吗？在什么样的网站上购买呢？”

沙纳说：“便宜与否要看出单的公司是否有保监会审批通过的特价费率。比如平安的网上车险和电话车险一样，用的保监会审批通过的电话及网络营销专用费率，费率将比其他传统渠道低15%左右。网上投保可以去保险公司自己的网站，也有一些汽车或保险门户网站提供车险交易平台，在那些平台上比较和选择都比较方便。但无论如何，最终投保人买的都是市场上的现有公司提供的车险产品。保单送达和理赔服务也都是在线下进行的。”

“下次买车险，我一定要试一试。”张嫣问，“还有什么地方可以买到车险？”

沙纳说：“还有车险门店。有保险公司在一些城市开始试点车险门店，门店是保险公司的销售终端，设在小区，类似于银行的网点，这里环境优美、信息丰富、服务周到，顾客可以在休息区边喝咖啡边享受着保险专员提供的投保、理赔、投诉、保全、财务等一站式便捷服务。”

张嫣说：“这倒很舒服，而且有一种安全感。这是保险公司的网点，不会被人欺骗。”

沙纳说：“最后就是个人保险代理人了，如果口碑好，讲信用，知识丰富，服务周到，通过他们买保险也是一个不错的选择。”

2 人约黄昏后

听到这里，我和皮尔森教授互望一眼，显然都没有中止窃听的意思。

只听张嫣沉默了一会儿又说：“听你刚才这么一讲，对选择什么样的保险公司和投保渠道，我比较清楚了。不过我对车险的整个流程还不是很明白，是不是详细地讲给我听听？”

沙纳说："有没有什么激励措施，让我讲着更来劲儿？"

张嫣问："好像没有，你想要什么样的激励？"

"反正闲着也是闲着。要不……要不就在我右边的脸上给印一下？"

"你看没看过一部吸血鬼的电影，哪里被美女做了记号，吸血鬼就从哪里吸干血液。"

"你又不是吸血鬼。"

"你怎么知道我不是。"

沙纳大大咧咧地说："你要是吸血鬼，我的血液免费奉送。"

"一言为定，今晚 8 点，你来我的房间。"

沙纳喜出望外："就这么定了，不许反悔！"

"当然。你还是先给我讲讲保险流程。"

沙纳说："好的，那咱们就从投保说到理赔。"

张嫣说："假设我想买保险。"

沙纳说："第一步，想好你要买的车险险种，主险要哪些，附加险要哪些，然后确定各险种的保险金额。"

张嫣说："你已经讲过如何选择险种和设定保险金额，除了交强险必须买外，其他自由选择。"

沙纳说："第二步，选择合适的保险公司和购买渠道。"

张嫣说："你刚讲过。不过还有一个问题你没说，如果我的车是上海的车牌，在北京能买保险吗？"

沙纳说："当然可以，车险最好在车辆的使用地购买，虽然一些大公司都提供异地赔付服务，但一旦异地索赔，仍会比较麻烦。"

张嫣问："车险的价格在不同的地区是不是会有所差别？"

沙纳说："交强险的价格是全国统一的，商业险在不同的地区价格是有差别的，但不是很大。"

"'不是很大'到什么程度？"

沙纳说："比如，以 A 款险为例，一辆家庭自用 6 座以下 20 万元的新车，按新车购置价投保，北京的车损险的基础保费是 539 元，费率是 1.28%，保费是 200000×1.28% + 539 = 3099（元），打 7 折是 2169 元。10 万元保险金额的商业第三者责任险是 877 元。"

张嫣说："上海呢？"

"上海的车损险的基础保费是 539 元，费率是 1.41%，保费是 200000×1.41% + 539 = 3359（元），打 7 折是 2351 元。10 万元保险金额的商业第三者责任险是 903 元。"

张嫣说："车损险上海比北京贵 182 元，商业三者险贵 26 元。再比一个地方，内蒙古自治区吧。"

"内蒙的车损险的基础保费是 630 元，费率是 1.50%，保费是 200000×1.50% + 630 = 3630（元），打 7 折是 2541 元。10 万元保险金额的商业第三者责任险是 1026 元。"

张嫣说：“兄弟，你没算错吧。内蒙古的车主们不容易啊！”

沙纳说：“没错，当其他大城市的车险在赔钱的时候，内蒙古那里的车险都是盈利的。”

张嫣说：“看来中国的保险公司该去支援西部了。再算一个地方的，就青岛吧。”

沙纳说：“青岛车损险费率和内蒙古一样，基础保费也是630元，费率也是1.50%，保费是200000×1.50%＋630＝3630（元），打7折仍然是2541元。10万元保险金额的商业第三者责任险是1013元，比内蒙古便宜13元钱。”

张嫣沉默片刻：“搞不明白，保险有点复杂。”

沙纳说：“要不保险业怎么要养着那么多精算师呢，就是要让你不明白。不过，你只需要记住，所有的费率都是根据各地以前出险和损失的统计数据计算出来的。”

“怎么个算法？”

“精算师根据过去的损失数据推测未来发生损失的概率以及损失的大小，然后厘定一个费率，依据这个费率收取的保费要保证保险公司在下一个会计年度收支相抵。”

张嫣摇摇头叹了口气问：“下一步呢？”

“第三步，签单。你缴纳保险费，保险公司签发保单。如果你是一个精明的投保人，一定会根据行业协会的费率表和费率浮动表算一算，你应该交的保费大概是多少，做到心中有数。”

“我可不可以“傻瓜”一下，就按保险公司算的交钱？”

沙纳有些得意：“要根据你买保险的渠道，有些渠道比较可信，有些渠道就不那么让人放心了，而且人总有出错的时候，所以你最好自己先算一算。”

沙纳说：“算明白了，就该缴纳保险费了，保险合同条款明确规定，保险费交清前发生的保险事故，保险人不承担赔偿责任。所以一旦确定，交费最好及时一些。”

“广告词说得好，看准了，就跳。”

“第四步，把你交强险的标志贴到你汽车前风挡玻璃的右上方，在验车的时候，把交强险保单内的‘公安交管部门留存联’交给公安交管部门留存。”

“要是忘了呢？”

“忘不了，没有此联是不能验车的。”

张嫣问：“如果是保险到期了，又过了一些时间才续保，这样影响验车吗？”

沙纳说：“只要验车的时候有交强险的有效单据就可以。商业险有没有交警管不着，交强险脱保几天并不影响验车，但影响到保障，出了事自己兜着，而且脱保期间在路上一旦被交警查到，还是会被罚款的。”

“又是罚款，下一步。”

沙纳说：“第五步，合同变更。保险合同有条款专门规定，保险合同的内容如需变更，须经保险人与投保人书面协商一致。”

张嫣问：“在什么样的情况下，需要变更。”

沙纳说：“最常见的是被保险机动车转让给他人的情况。如车辆转让，投保人应当书面通知保险人并办理批改手续。”

张嫣说：“如果我嫌麻烦不过户，会怎么样？”

沙纳说：“如果没有发生实质性转让，保险可以继续有效。如果发生了实质性转让，交强险有时还是有效的，因为交强险条款虽然规定，‘被保险机动车所有权发生转移的，投保人应当及时通知保险人，并办理交强险合同变更手续’。但是交强险条款却没有明确其法律后果，比如说，如果不办理变更手续保险公司就可以解除保险合同，或者说保险合同不再有效，实际上它什么也没说。有时候保险公司出于对受害者利益的保护，也把款给赔了。”

张嫣问：“交强险条款为什么要留个尾巴？”

“我也搞不明白。也许是制定条款的人水平高吧，经常是有规则没罚则，就让老百姓发疯法官抓狂去吧。”沙纳叹了一口气说，“但是对于商业险，出事后保险公司是有权拒赔的，条款说得很清楚。而且如果车辆不过户的话，你的麻烦可能更大，因为在不过户的情况下，新车主一切和你这辆车有关的民事和刑事责任一律都得连带着你，比如说他违反交通规则了，撞了人了，开着你的车违法犯罪了，而且又跑得无影无踪了，你都得惹一身麻烦，所以一定要办理过户手续。”

“什么叫实质性转让？”

被保险人以转移所有权为目的，将被保险机动车交付他人，但未按规定办理转移，也就是过户登记的，视为转让，就是所谓的实质性转让。

沙纳说：“保险条款对转让是有明确的定义的，转让是指以转移所有权为目的，处理被保险机动车的行为。被保险人以转移所有权为目的，将被保险机动车交付他人，但未按规定办理转移，也就是过户登记的，视为转让，就是所谓的实质性转让。”

张嫣说：“意思是说，当车辆所有权发生实质性转让，即使没有按规定办理过户登记，在保险中也视为转让，如果没有办理保险变更手续，保险公司也一样不赔？”

沙纳说：“没错，就是这样的。”

张嫣说：“明白了，那还是及时过户并办理一下保单变更好。变更保单是不是很麻烦？”

沙纳说：“非常简单，保险公司根据车主的要求加一个批单就可以了。”

“如果把车卖了，户也过了，但我找不到保单了，怎么办？”

沙纳说：“商业险还好办，如果没有交强险的单子，你是不可能合法过户的，即使蒙混过关，对方上路被查到了就会挨罚。”

张嫣说：“我是不是可以找保险公司补一张。”

沙纳说："当然可以，而且还是免费的。你自己去办理，只要拿身份证就可以，到原来出单地点再办一张即可，或者你授权你的代理人或新车主办理也可以，把你的身份证借给他，让他带着自己和你的两个身份证，再拿上保单原件，就可以办理了。如果你是买二手车，一定要求卖方先办理完保险的过户手续再付款，这样就省去了很多麻烦。所有手续办完了，车款才撒手。"

张嫣问："下一步呢？"

沙纳说："是第六步，报案。"

张嫣说："不出事呢？"

"自然是省略了。再这么烦，不讲了。"

张嫣柔声说："别忘了晚上的约会。"

"发生保险责任范围内的事故后，被保险人应采取合理的、必要的保护、施救措施，并立即向公安交通管理部门报案，同时要在48小时内向保险公司报案。不要擅自对车辆进行修理，要等保险公司定损后再修。被保险人还应当积极协助保险人进行现场查勘。"

"那要是我很有个性，就是不报案呢？"

"那其实是给你自己找麻烦，那样做不符合法律规定。"沙纳说："新修订的保险法规定，投保人、被保险人或者受益人知道保险事故发生后，应当及时通知保险人。故意或者因重大过失未及时通知保险人，致使保险事故的性质、原因、损失程度等难以确定的，保险人对无法确定的部分，不承担赔偿或者给付保险金的责任。"

张嫣说："你的意思是说，索赔本来就不容易，我们被保险人就不要给自己制造麻烦了？"

"反正出了事总是要索赔的，索赔就得报案，早一点有百利而无一害。"

"发生了交通事故一定要向交警报案吗？"

沙纳说："那要看在什么地方。比如，北京等地就有交通事故快速处理的规定，事故各方填一个快速处理的单子，就不需要大事小情都找交警了。"

张嫣说："我早就知道北京有交通事故快速处理的规定，你赶紧从保险的角度给我讲讲。"

沙纳说："已经到了蓬莱仙岛了。我以后再给你讲吧。"

3 求婚

与青岛相比，蓬莱不但景色迷人，而且还笼罩着一股神秘的气氛。

听从张嫣的推荐，我们下榻在位于蓬莱岛南端的一家环境非常幽静的农家风味酒店。院落幽深，依山傍海，亭台楼阁散布期间，古木苍劲，仙意盎然。

吃完晚饭，我回到房间就接到张嫣打来的电话，说请我晚上 7 点 50 分到她的房间去赏月，我忽然记起，此时已到月半时节，在这蓬莱仙境赏月，该别有一番滋味吧。忽然又想起晚上 8 点是张嫣约会沙纳的时间啊，找我干什么呢，难道吸血鬼的食量大，光一个沙纳不够吸，打算连我也捎带上？

我给皮尔森教授打电话。皮尔森说张嫣请他 7 点 50 分去她的房间赏月。

我和皮尔森教授 7 点 50 分准时到达了张嫣的房间。这个房间面朝浩瀚的大海，海上明月升起的景色将一览无余，难怪她要邀请我们来这里赏月。

张嫣房间的茶几上摆放了各种时鲜水果，空气中弥漫着一股鲜香的味道。

张嫣说："沙纳一会也会来，我估计他为了赏月会精心打扮一番的，你们信不信？"

我和皮尔森教授对望一眼，都没说信还是不信，但我们都明白，没有什么不可信的，因为你在车里约他 8 点到你房间，他要是不精心打扮一番那才是怪事。

我和皮尔森教授坐到靠窗的桌边，边吃着水果，望着海景，边琢磨张嫣在打什么主意。

8 点整，有人敲门。

张嫣嫣然一笑，应声前去开门。

先进来的是一大把玫瑰，接着探进一个脑袋来，不由分说，就往张嫣的脸上啄去。

张嫣惊叫一声，跳了开去。

沙纳跌进来，一眼就看到我和皮尔森教授。

这场面可是够尴尬的。

张嫣一手指着沙纳笑弯了腰，一边对着我们说："你们看看……"

沙纳定了定神说："你既然不喜欢外国礼节，那也就算了，我还是跟你握个手吧。"说着抓住张嫣的右手使劲摇了摇。

皮尔森笑呵呵地说："沙纳你要是喜欢张嫣，就干脆跪下来求婚，中国有句古话，叫什么丈夫的姥姥，婆婆妈妈，有什么不好意思的？"

沙纳索性单腿跪在了张嫣的身旁，高举玫瑰花，说："我爱你，请你答应嫁给我吧。"

这回该张嫣傻眼了，也许这样的求婚场合在好多少女的梦里都演练过多次了，可是真的遇到了还真的不易应对。

张嫣不笑了。

我和皮尔森，尤其是沙纳等待着张嫣的回答。

张嫣沉默，很长很长时间。

然后她弯下腰扶起沙纳，说：“让我再想想，可以吗？”

沙纳倒也爽快，跳起来自我解嘲说：“有人看着，你不好意思，等没人的时候你再答应我。”

张嫣一边支吾着答应，一边将沙纳拉到靠窗边的座位上。

张嫣出去，一溜小跑地用托盘取回来三大扎鲜酿的啤酒，放在我们的面前。

沙纳喝一口气喝了半扎啤酒，长长出了一口气。

沙纳定了定神问：“你知道明朝敢和大奸贼魏忠贤叫板，并置阉党于死地的人是谁吗？”

皮尔森对中国历史很感兴趣，重复了一遍：“明朝，魏忠贤？”

张嫣说：“是那个后来吊死在景山公园里的崇祯皇帝呀。”

我说：“不对，是张嫣。”

缓解尴尬的气氛需要大家共同努力。

沙纳呵呵一笑说：“不错，连崇祯皇帝都是她协助才登上皇位的，她是崇祯的哥哥朱由校的皇后，也叫张嫣，绝代美女。”

“你怎么不早说，我还真不知道，几百年前我还当过皇后呢，”张嫣说道，“今儿请几位来，还是想一边赏月，一边听听专家们给我启蒙车险。小沙子，赶紧给哀家讲讲交通事故快速处理的问题。”

我说：“你中清宫电视剧的毒已经太深了，你这样的做派和叫法那是清朝的事。在明朝应该叫沙公公，而不是小沙子。”

张嫣说：“好的，沙公公，快讲。”

沙纳清了清嗓子说：“话说在 2007 年 7 月 1 日，在 2005 年 9 月 1 日实施的《北京市道路交通事故简易程序处理规定》的基础上，北京市公安局交通管理局和中国保监会北京监管局联合下发了一个《机动车交通事故快速处理办法》，括号，试行。”

皮尔森问：“什么叫括号，试行？”

沙纳说：“就是说，这个文件后有一个括号，括号内是‘试行’两个字，试完之后如果觉得好，那就改改扶正了。”

皮尔森问：“试行完了就可以把括号去掉了？”

“对。”沙纳说，“在这个办法中，规定了8类43种适用机动车交通事故快速处理的情况。”

张嫣问：“8类43种？”

沙纳说：“8类包括追尾的、逆行的、倒车的、溜车的、开关车门的、违反交通信号的、未按规定让行的、依法应付全部责任的其他情形。43种就是在按照8类所列的43种情况。”

“比如说？”

“比如说，遇红灯继续通行和其他车辆相撞，闯红灯的车需要负全责，这时候就不用给交警打电话，两个司机下车直接协商，填好快速处理单，挪车走人。”

张嫣说：“请详细点，不是说细节决定成败吗？”

“比如说你的车在路口被一个闯红灯的车撞了，你首先要熄火、拉手刹、开危险报警闪光灯，如果是晚上，还需要把小灯打开。”

“对，就这么详细。然后呢？”

“下车，掏出手机。”

张嫣说：“掏出手机？给交警打电话？”

沙纳说：“错。”

张嫣说：“给家人或朋友打电话？”

“也不对。”

“那干吗，看时间？”

"更不对了。是要对方司机的手机号，给他拨一下，等他的铃声响过，在手机中保存对方的电话号码。"

"明白了，是用手机记录双方的联系方式。"

"对了，同时也要将对方的车牌号记录到自己的手机当中。"

张嫣问："如果发现对方没有号牌呢？"

有6种情形不适用快速处理程序。

沙纳说："千万记住，如果你发现属于以下6种情形，就先别挪车，打电话122报警。

第一是对方没有号牌的；第二是驾驶人饮酒的；第三是事故车开不动也推不走的；第四是人受伤超出轻微范围的，比如骨折；第五是有一方是外地车辆并在北京行政区域之外出事的。第六是在外地，也就是事故发生在非北京行政道路，比如已经到了河北省界的。"

张嫣说："如果不属于你说的这6种情况，并且与快速处理的8类43种情况之一相符。下一步该怎么办？"

"挪车，把车挪到不影响交通、安全的地方。"沙纳补充说，"及时挪车很重要。快速处理办法规定，对应当自行撤离现场而未撤离，妨碍交通的，公安机关交通管理部门将拖移其车辆至不妨碍交通地点；造成交通堵塞的，依法对驾驶人处以200元罚款；驾驶人有其他交通违法行为的依法一并处罚。"

"要是把车挪了，对方不认账了，那可就说不清了。"

"为了防止这样的情况发生，你可以标画现场或者用手机拍照留个证据。"

"怎么标画现场呢？"

沙纳蘸着啤酒在桌子上画了一下。

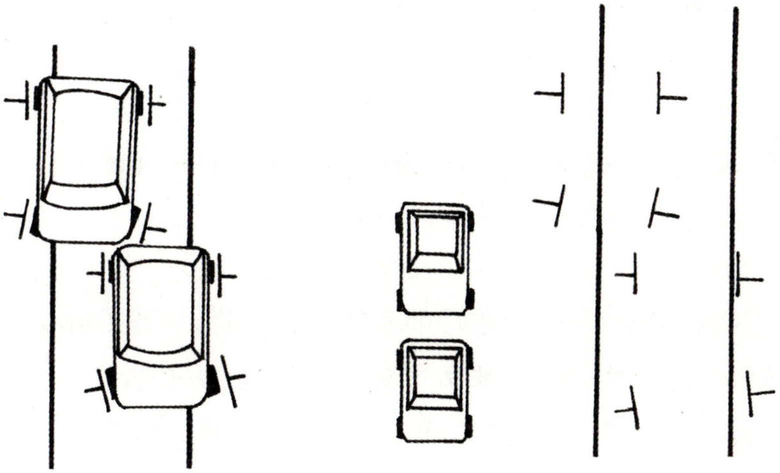

沙纳说："其实特别简单，实际就是用石笔或粉笔画一个'T'字，沿着车轮行进方向画一条竖线，以轴头为中心画一条横线，这就等于是车辆的四轮定位。"

"看起来挺简单的。"张嫣问，"要是对方看到撞车了，自己打方向盘先逃了呢？"

"如果可能，迅速记下对方的车牌号，如果看不清或记不住，也要抓住对方车辆的几个特征，比如车型、车的颜色、号牌颜色、车的新旧等等。然后，先把车挪到安全的地方，并迅速打电话报警。"

"现在对交通事故肇事逃逸的处罚好像挺严厉的，估计一般不会这样吧。"

"不是好像挺严厉，是真的很严厉。《刑法》的规定是，交通运输肇事后逃逸，处3年以上，7年以下有期徒刑，因逃逸致人死亡的，处7年以上有期徒刑。《道路交通安全法》还规定，造成交通事故后逃逸的，由公安机关交通管理部门吊销机动车驾驶证，且终身不得重新取得机动车驾驶证，也就是终身禁驾。《道路交通安全法实施条例》也规定，交通事故后逃逸的当事人承担全部责任，但是有证据证明对方当事人也有过错的，可以减轻责任。”

“所以交通事故肇事后，千万不要逃逸。”

沙纳说：“对。一位地产大鳄的格言用在这里最恰当：第一是不惹事儿；第二是一旦惹了事儿，就不能再怕事儿，负责任地勇敢面对，而不是心存侥幸，逃脱责任，那样于情于法于理都说不过去。”

张嫣问：“对方一旦逃逸了，保险怎么赔呢？”

对投保商业车损险的受害方的车辆损失，由其车辆投保的保险公司按规定先行赔付。

“对投保商业车损险的受害方的车辆损失，由其车辆投保的保险公司按规定先行赔付。案件侦破后，由保险公司向逃逸方追偿。”

张嫣又问：“好。假设对方没跑，把车停下了，我怎么办？”

“下车后先到对方车的前窗查看交强险及年检标志，然后请对方把驾驶本和行驶证给你看看，如果属于以下三种情况，你就要打122电话报警了。”

“哪三种？”

“第一，对方没有驾驶本或行驶证；第二，对方没有交强险或者年检标志；第三，对方没有在本市投保交强险。”

“如果对方证件齐全，驾驶本和行驶证、年检标志和本市买的交强险都有呢？”

“把车停好，车窗关好，小心别让小偷浑水摸鱼、趁火打劫。双方心平气和地确定责任。”

“他全责，很明显。”

“接下来是各自打自己保险公司的电话报案，说明出险情况。保险公司会给一个报案号，记到手机上或者纸上。全责的一方应问明白自己保险公司最近的定损中心的地点和电话。”

“无责一方就不用问了？”

“快速处理办法的规定是，一方当事人负全部责任的，双方当事人到全责方保险公司办理理赔。全责方保险公司负责双方车辆的查勘定损，并按有关规定进行赔付。无责方损失在2000元以下部分由全责方交强险进行赔付；超过2000元的部分，通过全责方的商业第三者险进行赔付。全责方未投保商业第三者险的，由全责方当事人自行承担。”

“那无责一方的保险公司就没什么事了吧，特别是在我的车没有什么损失或者损失比较轻微的时候，比如说就撞了一个小坑，不细看根本看不出来，我不要求赔偿的时候，就不用通知我的保险公司了吧？”

“除非对方车的损失也很轻微，也不要赔偿，或者你们双方都打算不找保险公司的麻烦，同意私了，比如，他给你300元钱，就当惊吓费，你跟他挥挥手，拜拜了。否则，你也要向自己的保险公司报案，因为你的保险公司这里面还有点事儿呢。交强险条款的规定是，在交通事故中，被保险人无责任时，无责任死亡伤残赔偿限额为1.1万元；无责任医疗费用赔偿限额为1000元；无责任财产损失赔偿限额为100元。”

“意思是说即使我一点责任都没有，但如果对方受伤或死亡，我的保险公司也会在你说的限额内给对方赔偿？”

“是的。如果对方仅有财产损失，你的保险公司最多赔100元。”

“100元有什么用，还挺麻烦的。”

沙纳说：“那也就是意思一下，好多人放弃了。但对于死亡和伤残的无责赔偿还是有点价值的，因为按照我们的《道路交通法》和现实中的判决案例，机动车发生交通事故，即使无责，一般也是要承担一些赔偿责任的。有保险公司来承担一下，那还是不错的。”

“如果不是一方全责，而是双方责任呢？”

“那去任何一方保险公司的定损点都可以。快速处理办法说，双方当事人负同等责任的，可就近到任何一方保险公司办理定损。受理方保险公司必须无条件为双方车辆查勘定损，并向当事人出具双方车辆查勘报告、估损单以及保险公司所需的理赔资料。”

张嫣问：“只去一家保险公司定损，那保险公司怎么分摊损失？”

沙纳说："我曾经说过的，当事故车辆双方损失均不超过 2000 元的，双方保险公司可以通过交强险的信息平台，依据查勘定损受理方保险公司出具的查勘报告和估损单，在交强险限额内，分别对各自承保车辆进行赔付。"

"一方损失超过 2000 元怎么办？"

"一方损失超过 2000 元的，受理方保险公司应通知对方保险公司共同查勘。2000 元以内部分，由保险公司在交强险限额内赔偿；超过 2000 元的部分，根据事故责任在商业保险责任范围内按比例承担赔偿。未投保商业保险的由当事人按事故责任比例承担赔偿。"

张嫣说："明白了。那去定损之前还有什么事要做？"

"还有最最重要的一项，双方填写交通事故快速处理单，一式两份，双方签名后各留一份。然后就可以开车到保险公司指定的定损中心定损去了。"

张嫣问："如果没有责任的一方不要求理赔，也不想费时间填写《协议书》，另一方是否也可以不填写《协议书》？"

沙纳说："必须让对方填一个，这是交管局的规定，要在《协议书》上注明'甲方或乙方不要求赔偿'。这样做可以避免找后账的情况发生。"

皮尔森问："如果事故中有伤者，是怎么处理的呢？"

沙纳说："看伤情轻重。轻微伤是指身体受到轻微磕碰或表皮擦伤，双方可以协商处理。如果是骨折以上伤情，就需由交警到场解决。"

张嫣问："如果当时伤者只是觉得受了轻微伤，但事后发现伤情加重，甚至是致命伤，怎么办？"

沙纳说："给交警打电话，再交由交警来处理。交警在调查处理时，之前双方在事故现场填写的《协议书》会作为基本证据，因此事故当事方在填写《协议书》时尽量写得详细一些，比如是否有伤，伤在何处，感觉如何，等等。填完了就可以去定损中心定损，然后就可以拿到定损单了。”

“定损单有什么用？”

“用处大了，定损单相当于保险公司开出的支票啊，拿到定损单就可以到自己选择的修理厂去修车了。”

“该到哪里修车呢？”

“原来是需要到保险公司指定的修理厂才行。按现在的规定，保险公司已经没有资格再指定修理厂了，保险公司只能推荐修理厂，你如果不听它的推荐也没有关系，只要是在保险公司定损中心核定的修理费用内，在哪儿修都可以据修理厂开具的发票从保险公司获得赔偿。”

“选择什么地方修车最好？”

“这得根据个人的喜好，就像买东西，有的人喜欢去大商场，有的喜欢去专卖店。修车也这样，有4S店，在北京，4S店在修车厂的级别中一般都是一类和二类以上，4S店针对具体的车型修理，零件全，服务好，质量有保证，比较安全，但价格比较高。三类修车厂就是路边店了，优点是修得快，价格便宜，当然，一些路边店也不乏技术高手，回头客也很多。

但如果车主不懂行，部分路边店配件以次充好，甚至假冒伪劣都有可能，修车关系到自己和他人的生命和财产安全，所以要多长几个心眼儿。”

张嫣想了想说：“明白了。还有一种情况，如果对方的车别了我一下，我急打方向盘，撞到了路边的护栏，我该怎么办？”

沙纳说：“你说的这种情况属于单方交通事故。发生单方交通事故仅造成自身车辆损坏的，驾驶人应迅速将车辆移至不妨碍交通的地点向保险公司报案，等候保险公司处理。

张嫣问：“那如果是撞得比较厉害，把护栏也撞坏了呢？”

沙纳说：“碰撞并损坏建筑物、公共设施及其他设施的，直接打122

报警。”

皮尔森突然叹了口气，说：“这么好的月色，求婚吧，不许；美景吧，不看，唠唠叨叨谈论保险。中国的成语说得好，真可谓是‘暴殄天物’啊！”

张嫣歉意地一笑，说：“月亮已经升起来了，咱们陪教授出去走走吧。”

4 月上柳梢头

满月。

月儿像冰盘般挂在远处柳树的梢头，把梦一般的清辉洒到蓬莱仙岛的每一个角落。

如果只有沙纳和张嫣，这该是一个多么美妙的谈情说爱的情境，可是四个人在一起能说些什么呢。默默地在园中走了一会，找到一个位于高处的亭子坐了下来，海上明月在这里尽收眼底。

沉默了一会儿，张嫣还是把话题拉到了车险上。

张嫣问沙纳：“车险退保是不是可以，是不是损失很大？”

车险是可以退保的，不过交强险退保只限于车辆丢失、报废和停驶这三种情况，其他情况是不允许退保的。

沙纳说：“车险是可以退保的，不过交强险退保只限于车辆丢失、报废和停驶这三种情况，其他情况是不允许退保的。车险退保的损失可不像人身保险的损失那么大，而且保险行业协会和保监会对交强险退保的规定非常具体。”

张嫣说：“怎么个具体法？”

沙纳说："投保人已交纳交强险保险费，但保险责任尚未开始的，如果投保人退保，保险公司全额退还保险费。如果保险责任已经开始，这时再退保，交强险是按天计算，年费率除以365是日费率，日费率乘以保险生效后已经过去的天数，就是车主已经花掉的保险费，剩下的退保时保险公司应该退回来。"

张嫣问："要是商业险呢？"

沙纳说："商业车险退保没有什么限制，对退保费的收取也有约束。

比如，A 款险规定，保险责任开始前，投保人要求解除保险合同的，应当向保险人支付应交保险费 5% 的退保手续费，保险人应当退还保险费。"

张嫣说："够贵的啊，你刚才说交强险是不扣的。要是保险责任已经开始了呢？"

沙纳说："商业险的保险合同一般规定，保险责任开始后，投保人要求解除保险合同的，自通知保险人之日起，保险合同解除。保险人按短期月费率收取自保险责任开始之日起至合同解除之日止期间的保险费，并退还剩余部分保险费。"

张嫣说："也就是说，年费率除以 12，就是月费率，月费率乘以保险生效后已经过去的月数，不足一个月的，按一个月计算，就是车主已经花掉的保险费，剩下的，退保时保险公司应该退回来。"

沙纳说："鹦鹉学舌。不过，你这个算法在 8 个月内是对的，从第 9 个月开始，就错了。"

张嫣诧异："怎么错了？"

沙纳弯腰找到了一枚白色的石子，在石质的桌面上画了一张表然后说："你看，这是商业险的短期月费率表，既可以用来算退保的费用，也可以用来算只投保几个月保险的保险费。保险期间不足一个月的部分，按一个月计算。"

"有赚便宜的嫌疑。"

"有点。你注意到没有，一年只有 12 个月，但 100% 只能分为 10 个 10%，因此，比较关键的是，前 8 个月内退保，每个月占用保险费的 10%，比如在第 8 个月内退保，80% 的保险费会被保险公司扣除，投保人可以拿回剩下的 20%。但第 9 个月和第 11 个月，和其他月份不一样，分别只占用保险费的 5%，也就是说第 9 个月内退保的时候，保险公司扣除保险费的 85%，投保人可以拿回保险费的 15%，尽管还剩下长达 3 个月的保险期，而第 11 个月的时候退保，保险公司扣除保费的 95%，虽然还有一个月的保险期，但投保人就只能拿回 5% 的保险费了。”

保险期间(月)	1	2	3	4	5	6	7	8	9	10	11	12
短期月费率（%）(年保费的%)	10	20	30	40	50	60	70	80	85	90	95	100

张嫣说：“意思是过了第 8 个月，退保就很不划算了？”

沙纳说：“可以这么说，但如果你买的保险不是一年的，而是短期的，也可以反过来赚保险公司一点小便宜。”

张嫣问：“你的意思是，车险可以买一年的，也可以买几个月的？”

沙纳说：“是的。交强险和商业险都可以买短期的。比如咱们的自驾游就可以再买一份保险期限为一个月的商业保险。”

“按照你画的费率表，如果买 8 个月的车险，需要交年保费的 80%，如果买 9 个月的车险，则只需要再加个 5% 就行了。”张嫣想了一会儿说可是我怎么还是觉得保险公司在赚便宜，因为我 9 个月的保险期间是一年的 3/4，也就是 75% 的时间，加在一起却要出 85% 的保险费，这合理吗？”

沙纳说：“说得好。如果保险期间不足一年，买车险基本上是期限越短越不划算，越晚退保越不划算。”

张嫣问：“如果不是万不得已，你就不退吧。但是，如果我的车不想开了，我退掉车损险、第三者险，想保留一个盗抢险，是不是可以？”

沙纳说：“当然可以，但前提是你当时买的盗抢险必须是主险，如果不是，就只能先退掉再到把盗抢险设为主险的公司重新买一份你自己选定期限的盗抢险了。”

张嫣问：“如果我是在北京买的保险，没有到期，但是牌子转上海去了，转回之后，是否要在上海重新办理保险呢？”

沙纳说：“商业车险随时可退，但交强险退保则需要外地车辆转籍手续，办理退保才比较方便，退完后到上海重新投保就可以了。”

张嫣又问：“有了车险，会不会导致被保险人驾驶上疏忽呢？”

皮尔森说：“有时会。但那是因为人们对保险存在片面的认识。其实保险就是一个备用的降落伞，出了事不过是保险公司赔些钱，自己和别人的生命呀、健康呀，那是决计赔不了的。而且保险公司赔的钱只能少于或等于车主的损失，因此，对于驾驶员来说，技术好，开车安全，最重要，保险不过是预先设定的一个经济上的补救措施罢了。”

沙纳说：“做个一流的司机好过买了一份一流的保险。”

皮尔森说：“一流司机不是不撞别人，而是不让别人撞到自己。”

5 锵锵三人行

月已高。

皮尔森打了一个哈欠说：“我要回去休息了。”

我也随声附和说：“我陪教授回客房去。”

张嫣赶紧对我说：“你把教授送回客房后到我的房间拿些水果来好吗？”

没法拒绝，人家是美女。

我把水果带到，客气地问：“我是不是可以回去休息了，免得大家都暴殄天物。”

张嫣说：“不可以，今晚要上演锵锵三人行。”

不愿拒绝，人家还是美女。

我看了一眼沙纳。他一副恨不得我快走的样子。

我反而不走了。

我小时候就很逆反。据说3岁的时候，爸爸希望我向东，他总是将我往西边拉，我一逆反，就向东了，爸爸得意地在后面跟着，乐呵呵的。

我坐下来。

沙纳白了我一眼，我立马把白眼快递给张嫣。

锵锵三人行，需要带点火药味。

不过我还是想好了，今晚最好只做个旁观者。

张嫣问沙纳："如果你的宝马在蓬莱撞了，你要不要中止行程，返回北京去修车？"

沙纳说："那大可不必，如果撞得比较轻微，不影响继续开，至少继续开没有危险，我只需要打我投保的保险公司的全国服务电话报案就可以了。回北京后找保险公司再定损修车。"

"如果撞得比较严重呢？"

"我也要先报案，听取保险公司的处理意见。一般流程是这样的，保险公司蓬莱支公司接到总公司理赔服务部门的指令，就会来人与我接洽救援定损和修车事宜。如果修车的时间很长，我可以先修主要的行车部件，保证我能开回北京，然后再到北京当地的修车厂痛痛快快地大修，时间就可以宽裕一些，如果修车有什么问题，返修也容易。"

"在外地报案是不是要带着保险单？"

"当然是带着最好，至少也要记着自己的保单号。当然了，出事之后也可以通过保险公司的电话中心根据姓名查询，不过那样太麻烦了，既耽误事儿，也显得你缺乏有效管理风险和科学安排生活的能力。"

"也是，那简修和大修都是保险公司出钱啦？"

"那当然，我是按新车购置价买的足额保险。如果坏得实在不成样子，必须大修，我可以选择在蓬莱大修或者把车拖回北京去修理。"

"拖车费自理？"

"一般是这样的。"

张嫣问："去保险公司索赔都需要准备哪些索赔文件呢？听说这事儿很麻烦的。"

沙纳说："原来是挺麻烦的，保险公司经常会让被保险人跑好多趟，今天要这个，明天要那个，比较折腾。不过保险法修订之后就好了，新修订的保险法规定，保险人依照保险合同的约定，认为有关的证明和资料不完整的，应当及时一次性书面通知投保人、被保险人或者受益人补充提供。"

"具体的索赔文件有哪些？"

沙纳说："我给你分类列一个清单吧。第一类，向保险公司索赔时，被保险人应当提供被保险人和受害人的有效身份证明、保险单、被保险机动车行驶证和发生事故时驾驶人的驾驶证。"

张嫣说："是要证明车、人的合法性以及合同的有效性。"

"完全正确。"

"如果索赔的时候，我的身份证刚好丢失了，怎么办？"

"身份证丢失并不影响报案和保险公司来人定损，定损之后，先修车，再去保险公司索赔。保险法规定财产保险的索赔时效是两年，也就是说，自被保险人或者受益人知道或应当知道保险事故发生之日起两年以内索赔都有效。"

"说两年内把身份证办下来就可以了？"

"如果一个人连办身份证都要拖两年，那也太不正常了。"沙纳接着说，"第二类，被保险人索赔时，填写索赔申请书，并向保险人提供与确认保险事故的性质、原因的证明和资料，还要提供损失清单，包括受害人财产损失程度证明、人身伤残程度证明、相关医疗证明以及其他有关损失和费用的单证。"

"可不可以更详细些？"

"当然，属于道路交通事故的，被保险人应当提供公安机关交通管理部门或法院等机构出具的事故证明、有关的法律文书，包括判决书、调解书、裁定书、裁决书等，以及其他必要的证明材料，如果走的是快速处理程序，则需要提供快速处理单或者协议书。属于非道路交通事故的，应提供相关的事故证明。"

"比如说？"

"比如说，车在小区内剐蹭、丢失或出现划痕，属于非道路交通事故，被保险人至少得提供小区物业出具的有剐蹭、丢车或划痕的证明。"

"第三类，其他与确认保险事故的性质、原因、损失程度等有关的证明和资料。”

“主要是指？”

沙纳说：“比如车被冰雹砸坏了，需要气象部门的证明；车被烧毁了，需要消防部门的证明了；车被偷走了，需要公安部门的证明，等等。”

张嫣问：“如果这些材料都已齐备，保险公司怎么赔你呢？”

沙纳说：“很简单了。根据保险合同条款，保险人依据被保险机动车驾驶人在事故中所负的事故责任比例，承担相应的赔偿责任。”

张嫣说：“我记得考驾照时交规书上是按照五级区分事故责任的，好像是分全部责任、主要责任、同等责任、次要责任和无责任。”

“没错。保险条款也按这个来。被保险机动车方负主要事故责任的，事故责任比例为70%；被保险机动车方负同等事故责任的，事故责任比例为50%；被保险机动车方负次要事故责任的，事故责任比例为30%。”

张嫣说：“假设警察的责任认定书上说你在一次撞车事故中负次要责任，假设对方损失了3万元，保险公司会赔多少？”

“按照责任认定书，我们向对方赔偿其损失的30%，对方损失的30%就是9000元，这是我们的保险公司在第三者责任险上应支付的保险金。”

“如果受害人住院治疗，所发生的医疗费用是不是都算作损失？”

“不是，保险公司按照国家基本医疗保险的标准核定医疗费用的赔偿金额。超出基本医疗保险目录的药品和服务，保险公司是不算做总医疗费用的，不赔。”

“如果一些药品不在基本医疗保险目录之内，当你觉得这钱住院时应该花，你自行支付了呢？”

“保险合同的规定是：未经保险人书面同意，被保险人自行承诺或支付的赔偿金额，保险人有权重新核定。不属于保险人赔偿范围或超出保险人应赔偿金额的，保险人不承担赔偿责任。”

“这倒也干脆。”

“如果我在好几家保险公司都买了车险，是不是每家公司都赔我一份？”

“这种想法大错特错。被保险机动车重复保险的，保险人按照本保险合同的责任限额与各保险合同责任限额总和的比例承担赔偿责任。”

“什么是重复保险？”

“新修订的《保险法》给重复保险下的定义是这样的：重复保险是指投保人对同一保险标的、同一保险利益、同一保险事故分别与两个以上保险人订立保险合同，且保险金额总和超过保险价值的保险。重复保险的各保险人赔偿金额的总和不得超过保险价值。除合同另有约定外，各保险人按照其保险金额与保险金额总和的比例承担赔偿责任。其他保险人应承担的赔偿金额，保险人不负责其他保险人应承担的赔偿金额，保险人不负责赔偿和垫付。你得一家一家地去要赔款。”

“要是保险公司不知道，是不是可以从每个公司拿到一份全额的赔偿？”

“保险法还要求，重复保险的投保人应当将重复保险的有关情况通知各保险人。”

“如果我要是不说呢？保险公司又怎么知道？”

“很多城市，比如北京，各家公司的车险信息已经联网了，是否有重复保险，一查就知道了。你怎么可能比保险公司还精？”

“为什么要对重复保险规定这么多呢？”

“关于重复保险的这些规定，其目的实际上是落实财产保险中的补偿原则，也就是不让投保人得到的赔偿超过其损失，否则就会诱发道德风险，一些人会为了获取保险金制造保险事故，从而对社会财产和人民的生命安全构成极大威胁，那样就完全违背了保险这种非常好的社会互助制度的初衷了。”

对车险来说，重复保险没有什么意义。

“如果有人重复保险了，也被保险公司发现了，怎么办？”

“考虑到这种情况，新修订的《保险法》还说了，重复保险的投保人可以就保险金额总和超过保险价值的部分，请求各保险人按比例返还保险费。”

张嫣说：“意思是多交的钱可以要回来。”

“对，就是麻烦了点儿。其实犯不上这么折腾。”

“假设车也修完了，理赔也完成了，赔款也支付了，如果有一天我发现车还是有些问题，能不能再去修，再追加理赔呢？比如说保险公司赔完了，我突然发现油箱有点漏油，修的时候没注意到，是不是可以追加理赔呢？”

“车险条款是这么说的，保险人支付赔款后，对被保险人追加的索赔请求，保险人不承担赔偿责任。”

一旦赔款支付了，一般就不能再追加赔偿了。

“可不可以这样理解，只要赔款还没有支付，就可以追加，一旦支付了，一般就不能再追加了？”

“我忍不住又要夸你聪明。完全正确，即使保险公司已经定损了，如果发现新的问题，还可以找保险公司追加索赔，但一旦赔款已经支付了，对不起了您，自己修吧，或者找修车厂协商，要是你觉得修车厂也有责任的话。”

“稳妥起见，我让保险公司等一段时间再支付赔款可以吗？”

“自然是可以的，但保险公司也有自己的规矩需要遵守。”沙纳说，“新修订的保险法规定，保险人收到被保险人或者受益人的赔偿或者给付保险金的请求后，应当及时做出核定；情形复杂的，应当在30日内做出核定，但合同另有约定的除外。保险人应当将核定结果书面通知被保险人或者受益人；对属于保险责任的，在与被保险人或者受益人达成有关赔偿或者给付保险金额的协议后10日内，履行赔偿或者给付保险金义务。保险合同对保险金额及赔偿或者给付期限有约定的，保险人应当依照保险合同的约定，履行赔偿或者给付保险金义务。”

“如果保险公司没有及时履行赔款义务呢？”

“保险公司除支付保险金外，应当赔偿被保险人或者受益人因此受到的损失。”

“所以保险公司也不希望拖延赔款，是吗？”张嫣继续问，“保险公司赔偿完之后，我的保险合同还继续有效吗，保险金额是否发生变化？”

“车险和人身险不一样，人身险赔完，合同也就结束了，但是车险赔完之后，合同继续有效，一直到保险合同约定的保险期间届满，保险金额也不受影响，下次还是按照原来的限额赔付。当然车险中有些险种在保险期间是有一个总的赔偿限额的，比如划痕险，修车费用如果已经超出了限额，保险公司在原来约定的限额内赔偿，如果再花钱，保险公司就不赔了。”

“如果你的车放在路边，当你回来的时候发现后备箱被撬开了，里边的东西也丢了，保险公司赔还是不赔？”

“车辆损失险条款中有这么一条，被保险车辆被盗窃、抢劫、抢夺，以及因被盗窃、抢劫、抢夺受到损坏或车上零部件、附属设备丢失的损失和费用，保险公司是不赔的。所以，后备箱被撬所造成的车辆自身的损失，特别是车上财务的损失是不能从保险公司获得赔偿的。”

“那要是你停在楼下，被楼上掉下来的花盆给砸坏了呢？”

“这个保险公司自然是要赔偿的。不过，如果找不到是谁家的花盆砸的，保险公司一般按损失的30%免赔，也就是赔偿70%的损失，如果知道是谁家的花盆砸坏的，保险公司在赔款后有向花盆主人追偿的权利。”

“保险公司替被保险的车主讨还公道？”

“也不叫讨回公道，这种做法在保险术语称为‘代位追偿’。”

“代位追偿？”

注意代位追偿的规则。

沙纳说："新修订的《保险法》对代位追偿有很明确的规定：因第三者对保险标的的损害而造成保险事故的，保险人自向被保险人赔偿保险金之日起，在赔偿金额范围内代位行使被保险人对第三者请求赔偿的权利。"

张嫣说："所谓的代位追偿就是'代'受害的被保险人之位，向致害者追偿，是吗？"

"没错。"

"如果致害者说，这是我和受害者的事儿，跟你保险公司没关系，不理保险公司呢？"

"保险公司可以将致害者告上法庭。"

"那麻烦可就大了。假设还是刚才的情况，你的车被花盆砸了，如果你不依不饶的，花盆的主人已经给了你2000块钱作为补偿了，保险公司怎么处理？"

"《保险法》的规定是，如果被保险人已经从第三者取得损害赔偿，保险人赔偿保险金时，可以相应扣减被保险人从第三者已取得的赔偿金额。"

"那要是保险公司不知道呢？"

"那就有两种可能。如果保险公司知道花盆主人是谁，他们会与花盆主人商量索要经济赔偿，花盆主人肯定会说，他已经赔过我2000块钱了，保险公司会从给我的赔款中扣除或者要回去2000元。另一种可能是因为我的隐瞒，保险公司不知道花盆主人是谁，就回到最初的状态，保险公司仅赔偿我损失的70%。"

"如果砸得比较厉害，你的损失是10000元，保险公司的赔偿限额是5000元，保险公司赔完你之后，你还能不能向花盆主人索要赔偿？"

"当然可以，《保险法》规定，保险人行使代位请求赔偿的权利，不影响被保险人就未取得赔偿的部分向第三者请求赔偿的权利。"

“如果你和花盆主人关系比较好，在保险人还没有赔偿保险金之前，你放弃对致害方请求赔偿的权利，会有什么后果？”

“很简单，保险人不承担赔偿保险金的责任。《保险法》还规定，保险人向被保险人赔偿保险金后，被保险人未经保险人同意放弃对第三者请求赔偿的权利的，该行为无效。被保险人故意或者因重大过失致使保险人不能行使代位请求赔偿的权利的，保险人可以扣减或者要求返还相应的保险赔偿金。这一条不仅仅适用于花盆被砸的情况，车被别人撞了、刮了，都是一样的。”

“就是说，如果一个老农的驴车跑到三环的主路上撞坏了你的宝马，你即使再可怜老农，也不能替保险公司卖这个人情，免了老农的责任。”

“是的，如果卖人情的话，也只能由保险公司自己去卖，除非我不想让保险公司赔。”

“保险公司在代位追偿时，还需要被保险人做什么吗？”

“《保险法》规定，在保险人向第三者行使代位请求赔偿权利时，被保险人应当向保险人提供必要的文件和其所知道的有关情况。”

张嫣问：“如果你的车刹车失灵，把另一辆停在路边的车撞得很厉害，保险公司应该怎么赔，如果修理的话，修车前应该注意什么问题？”

沙纳说：“车损险条款说得很清楚，因保险事故损坏的第三者财产，应当尽量修复。修理前被保险人应当会同保险人检验，协商确定修理项目、方式和费用。否则，保险人有权重新核定；无法重新核定的，保险人有权拒绝赔偿。”

“就是说，也一定要和保险公司商量好才能去修理。”

“对，一定不要自作主张。”

张嫣问：“保险公司赔款是否可以请别人代领？”

沙纳说：“当然可以，保险受益人，一般也就是被保险人要写个委托书，当然受托人还要带着委托人的身份证原件。”

张嫣问："和保险公司打官司有什么讲究吗？"

不要轻易和保险公司打官司。

"对投保人和保险公司来说，打官司是万不得已的选择。保险公司是靠声誉吃饭的，无论输赢，诉讼案件对保险公司对声誉都有一定的影响，因此与投保人协商解决纠纷是保险公司的首选，保险公司总是希望通过调解来解决纠纷，而不是与客户对簿公堂。除非它觉得自己胜诉的可能性非常大，或者这官司非打不可。"

"其实诉讼对投保人而言，成本也是非常高的。"

"因此，投保人觉得保险公司有问题，最好先从保险公司提供的公司内部投诉渠道开始，当问题得不到圆满解决时，还可以向当地的保险监管部门投诉，如果还是没有满意的结果，还可以选择保险仲裁，最后，才是法庭诉讼。"

"看来解决问题的渠道还是蛮多的。"

"《保险法》规定，因履行本保险合同发生的争议，由当事人协商解决。协商不成的，提交保险单载明的仲裁机构仲裁。保险单未载明仲裁机构或者争议发生后未达成仲裁协议的，可向人民法院起诉。"

"客户想起诉的时候，需要告诉保险公司吗？"

"最好让保险公司知道。车险条款规定，引起与保险赔偿有关的仲裁或者诉讼时，被保险人应当及时书面通知保险人。"

"客户这样做很绅士是不是？"

"那还是其次，客户要给保险公司一个考虑的时间。也许保险公司觉得这个案件还是跟客户协商一下，通融赔付得好，问题也就可以比较圆满地解决了。最好不要把保险公司一下子逼到只能应诉的地步。保险公司都是大型企业，有专门的法律部门和一大把专业律师等着打官司，为了保住保险公司的声誉和自己的金饭碗，官司还必须得打赢。实际上，保险纠纷真的诉诸法庭，客户并不占有优势。"

6 还是算计

今晚沙纳的耐心出奇的好，思维似乎也非常敏捷。

张嫣继续问："如果你既有交强险，也有商业险，但对方仅有交强险，你撞了他，怎么赔？"

沙纳说："这要先分清是谁的责任，还要看是否伤到了人，看各自的责任有多大。如果对方没有商业第三者险，而交强险的限额是2000元，除了交强险能够赔偿的部分，剩下的都要由我自己掏腰包了。"

张嫣说："请举例说明。"

沙纳说："好的。假如奥拓张追尾了宝马李，奥拓张负全责，奥拓张的保险公司的估损是：奥拓车损失500元，宝马车损失600元。两个人完成了快速处理程序，到修车厂把车修好了，修奥拓花了500元，修宝马花了600元。修车款1100元都是奥拓张垫付的。修完后去奥拓张的保险公司索赔。那么，奥拓张可以从保险公司获得的车损险的赔偿是500－100元，也就是400元。"

张嫣说："这减去的100元就是宝马车的无责赔付啦？"

沙纳说："不错，奥拓张还可以从保险公司获得的交强险的赔偿是600＋100，也就是700元。其中的这600元是宝马车的损失，因为奥拓张负全责，保险公司自然要替他出这笔钱。而加的这100元是宝马李的保险公司赔给奥拓张的无责赔付的钱。"

张嫣问："那为什么要奥拓张的保险公司出这笔钱呢？"

沙纳说："这可要注意，这笔钱可不是奥拓张的保险公司出的，而

是宝马李的保险公司出的，只是先由奥拓张的保险公司垫付给奥拓张，然后宝马李的保险公司通过保险公司之间的交强险信息交换平台，将这100块钱还给奥拓张的保险公司。”

张嫣说：“也就是说整个过程都不用无责任一方的保险公司出面了。”

沙纳说：“是的，就为这么100块钱不值得啊。”

张嫣说：“要是宝马李的交强险正好过期了呢？”

沙纳说：“那就只好由宝马李自己出这100元钱了，他不出就起诉他，他可就亏大，不但要出这100元钱，还要补缴交强险的罚款，所以如果不是‘二杆子’，这100块钱宝马李很是愿意出的。”

张嫣调皮地眨眨眼说：“开宝马车的也不乏‘二杆子’，是吧，沙纳，当然了，我可不是说你。”

望着张嫣的神态，沙纳有些沉醉，定了定神才说：“不过话又说回来了，如果对方没有交强险，也是不适用快速处理程序的。一定要到对方前窗贴交强险标志的地方看看，如果发现对方没有交强险或者交强险过期了，那就应该采用标准程序。”

张嫣问：“标准程序是不是就是直接拨122，交警来了查勘、挪车、定责、开处罚单、定损，然后是修车理赔。”

沙纳说：“对。”

张嫣终于也有些累了，感慨着说：“这保险知识可真是太重要了，我这次的自驾游收获大了去了。明儿见吧。两位，我要回房间去了。”

沙纳呆住，万分不舍。

我忍不住说：“你这一路走来，开着沙纳的宝马，用着沙纳的油卡，看着沙纳发傻。这么好的月色，我做见证人，你嫁给他算了，回去再补个婚礼得了。”

沙纳说：“我没意见。”

“我意见大了。”张嫣突然压低声音恶狠狠地说，“我还告诉你们，我就是《画皮》中的小唯，如果你们愿意把你们的心交给我，我就‘咔嚓’一下子给你们挖出来吃了。”

我说：“别吃我，只吃沙纳，我不过是一个燃烧自己照亮你们的‘电灯泡’。”

张嫣说：“‘电灯泡’一起吃，还有刚才回了房间的那个‘洋电灯泡’，一起吃了。”

看到张嫣的夸张表演，沙纳更是爱得抓耳挠腮。

第4章

怎么突然就成了这样

保险知识点

1. 保险骗赔
2. 保险犯罪

1 车祸

正所谓“天有不测风云，人有旦夕祸福”。第二天，在蓬莱去往威海的公路上，皮尔森教授和我这两只“电灯泡”就差点就给撞碎了。

一路上，我边开车边兴致勃勃地和皮尔森教授谈论着各国保险业共同面对的一些问题。

高速公路上，车速很快，我跟沙纳的宝马也跟得比较紧。

快下高速了，张嫣开着的宝马在毫无征兆的情况下来了个紧急刹车，我一脚踩到底，随着刺耳的刹车声，我的车在离宝马半米远的地方停下，正暗自庆幸，后面的一辆货车结结实实地撞上来，一股巨大的推力如排山倒海般压了过来……

当我醒来的时候，发现自己躺在一间白色的房间里。看到头上的输液瓶，刚有些明白了自己身在何处，一个穿着白大褂的女孩左手指着右手伸出两个手指问我：“这是几个手指头？”

拿我当孩子。

我说：“好像是7个。”

护士说：“完了，头部神经受损，这人傻了。”

我说：“没傻，我把你指着右手两个指头的左手上的5个指头也加进去了。”

女孩大声喊：“苏医生，真是奇迹，这个人不但身体没事，头脑也清楚，还开玩笑说绕口令呢。”

医生给我做完检查，说：“小伙子，命大，运气好，站起来试试，

以后开车可要小心了。”

我站起来，觉得和先前没什么两样。赶紧问：“我的同伴们呢，那个外国人怎么样？”

我被护士领入另一间病房，皮尔森教授可没有我这么幸运。头上、胳膊上、腿上到处都包扎了绷带，整个像一粽子。从纱布中，只有一双蔚蓝色的眼睛和需要喘气的嘴巴露出来，双眼还机警地四下张望。我奔过去，却不知道该抓哪里，因为他身上已经没有一个可以抓的地方了。

皮尔森的声音有些微弱，眼睛望向门口说：“他们来了，该结案了。”

我回头看到了陆彤和骆风，两个人都是全副武装。陆彤和张嫣手拉着手，沙纳在另一侧扶着张嫣，陆彤和张嫣的手腕上隐约地连着一条亮晶晶的链子。定睛细看，两人的衣袂下隐藏的竟是一副手铐。张嫣眼里噙着泪水，看上去楚楚可怜。

我大惊，不就是个车祸吗？为什么要把她铐起来，而且是后面的车追了我们，后面的车负全责啊？

皮尔森见了张嫣，盯着看了片刻，把眼睛闭上了。

2 劫富帮

小保姆汤瑾的男朋友和张嫣同属于一个组织，这个组织专门以富豪为偷盗或勒索对象，名字叫做“劫富帮”。与一般的带有黑社会性质的犯罪团伙有所不同，劫富帮以“劫富济贫”为口号，专门对贪官或奸商下手。劫富帮的作案手法是先派人以管家、保姆、月嫂、保安或小时工等身份打入富豪的家庭，深入考察，了解富豪家庭的财富来源和人品。一旦被劫富帮界定为不义之财或者为富不仁者，劫富帮就会制订一个比较周密的惩治计划，让这些贪官或奸商们受到法律之外的惩罚。

陆彤说：“几年来，劫富帮发展非常迅速，很多大城市都有他们活动的痕迹。但是因为他们布置周密，且有一定的群众基础，所以虽然早已进入警方的视线，却一直未能被警方破获。”

皮尔森说：“即使在美国，警方对类似的组织也会手下留情。”

陆彤说：“是的，因为他们经常也帮警察的忙。年前，我们警方接到一个匿名电话，说交管局的一位领导家中藏有大量贪污受贿的赃款，希望警方前去调查。因为这位领导是人大代表，所以办理搜查证比较麻烦，而且消息也在请示汇报和上级决策的过程有所泄露。”

皮尔森说：“如果一个贪官家中真的藏有大量赃款，他又知道了警方要去搜查，肯定会尽快转移赃款吧。”

陆彤说：“没错，那天晚上，我们的警车和贪官的座驾就是在两条不同的路线上赛跑，就看谁先到贪官的家里。”

我说：“警车跑得快啊，不用等红灯。”

陆彤说：“那也未必，你不要忘了他是交管局的领导，在路上比我们厉害多了。”

我说：“那可惨了。打草惊蛇不算，人家还会倒打一耙。”

陆彤说：“虽然我们路程远，跑得慢，结果还是我们先到了。”

沙纳说：“那为什么？”

陆彤笑了：“他的车被人给撞翻了，被人直接送到了医院。”

我说：“天网恢恢，疏而不漏。”

“是劫富帮在帮忙，而且这个案子还给我们提供了最直接的线索。”陆彤说，“当然，能把这两个案例联系起来是因为我们受到了皮尔森教授的提醒。李总家的案子发生后，皮尔森教授曾提醒我不要将那起入室抢劫案当做一个偶然、孤立的案件对待。还说美国就有专门针对富翁的犯罪团伙。”

我说：“没错，陈水扁巨额的海外资金被曝光后，就有黑社会组织打算对住在美国的陈水扁的女婿下手。”

我想起那天我和陆彤离开落霞山庄时皮尔森教授的确说过那句话，不禁肃然起敬。

陆彤说：“于是我查阅了卷宗和电子档案，那晚去李总家抢劫的人中，除了有一个曾经因交通肇事被关了半年外，其他人并没有前科。”

大家静听。

陆彤继续说："我查阅了这起交通事故的详细记录，惊奇地发现，我刚才说的把那个贪官撞进了医院里的肇事司机就是他。"

我说："所以你对他进行了审问。"

陆彤笑了："我们可没有那么笨。我们拘留了几天就把他给放了，因为他仅仅负责在别墅外面望风，是个从犯，且认罪态度较好。"

皮尔森说："你们开始监视他。"

陆彤说："正是，顺藤摸瓜，于是我们摸到了劫富帮。"

我忍不住问道："李总家的偷车案和抢劫案是劫富帮所为，张嫣也属于劫富帮？"

陆彤说："是的。而且还是劫富帮的帮主。"

我和沙纳甚至连皮尔森教授都吃惊地张大了嘴巴。沙纳的表情更是难以用语言来形容。

陆彤笑道："李总的这个案子，还是她亲自策划的。"

我问："李总的钱来路不正，或者为富不仁？"

陆彤说："都有点，但并不是关键。"

沙纳缓过气来，急切地问："那是为什么？"

陆彤说："因为李总夫人曾是张嫣中学时的班主任。李总夫人对丈夫不放心，带着女儿出国后让张嫣在国内偷偷看着点李总，小保姆汤瑾就是张嫣派去'卧底'的。"

陆彤卖关子，笑吟吟地找杯子要喝水。

我忙不迭地把皮尔森桌边的水杯递过去。说："脏点儿，将就着喝吧。"

陆彤看了一眼，没喝，清了清嗓子，接着说："可怜的汤瑾，还没等摸清情况，反而着了李总的道，被李总下了药给……"

沙纳骂了一句："看着人模狗样的，没想到这么下三烂。"

我说："李总夫人、张嫣帮主和小保姆汤瑾自然要收拾这个李总。"

陆彤说："所以张嫣设计偷了他的车。但张嫣从你们那里得知，李总的车险已经办理完毕，丢了车损失并不大。所以不解气，干脆半夜又派人去打劫。"

我恍然大悟，原来是这样。

沙纳问："可是那辆车是怎么偷走的呢？"

陆彤说："那还是问皮尔森教授吧。"

皮尔森教授的眼睛流露出得意的微笑，嘴唇翕动了一下，没说话。

陆彤说："教授提醒我们注意张嫣那晚带到李总家的大旅行箱，于是，我们首先在张嫣住的旅馆找到了那只旅行箱。果然，不出教授所料，这个箱子的侧面有两个通气口，如果一个小孩藏在里面，空气是足够用的。然后我们寻找可能藏在箱子里的小孩。据旅馆的服务人员说，的确还有一个孩子曾住在这个房间里。”

陆彤说：“劫富帮帮助过很多在街头流浪乞讨的孩子，找到一个聪明伶俐的小孩子并不难。张嫣让孩子藏在旅行箱里。具体的做法是：张嫣把藏有孩子的旅行箱拖放在客厅里间的门口，然后高谈阔论，吸引你们的注意力。当谈话中张嫣第一声大笑加咳嗽的时候，孩子打开旅行箱的内锁，出来到里间拿到钥匙并藏在里间，等到张嫣第二声大笑时，从里间钻回旅行箱，并锁好内锁。为做到万无一失，这套游戏在旅馆里已经练了多次了。

我问：“可是张嫣怎么知道李总一定会把钥匙放在里间，而且里间一定没有人？”

陆彤说：“不是还有小保姆汤瑾做内应吗？”

皮尔森说：“所以就发生了没有任何人进入李总的里间，钥匙却被人从里间密室偷了出去的结果。”

沙纳终于说话了：“劫富帮是不是一个很小很搞笑的帮派，就像几个中学生，看了几本武侠小说就成立了个什么帮，实际上就几个小孩在那儿胡闹？”

陆彤说：“我们一开始也是这样认为的。但是随着调查的深入，逐渐发现并不是那么简单。劫富帮最早创设于1994年，它迎合了一些人的仇富心理，在法制尚不健全的背景下，发展迅速。经过十几年的发展，劫富帮的规模至少在100人以上，而且已经延伸的到北京、上海、青岛、杭州等好几个大城市了。劫富帮下设济贫堂、创富堂和联络组。济贫堂负责接济社会弱者，创富堂则为劫富帮创收，联络组负责各部各地的联络，实际上是劫富帮的领导和组织机构。”

沙纳说：“怎么听着像编故事一样，张嫣会是这么大的一个非法组织的领袖？”

陆彤说："张嫣实际上是女承父业。张嫣的父亲张舵本来是包工头，20 世纪 90 年代初承包了一个地产项目，项目完工后不但没有拿到报酬，反而遭房地产开发商的陷害，蒙受不白之冤，判刑入狱。服刑期间，妻子病死，女儿张嫣流浪街头，后来被张舵施工队的朋友洪大海找到，供她念书。张嫣高中毕业后还到一所民办的武术学院学过两年，拿到了大专文凭。张舵出狱后，和洪大海一起收拾了当年害他的开发商，然后以当年张舵施工队为班底创办了劫富帮。劫富帮的宗旨是在司法体系之外寻求江湖正义。"

沙纳说："这和其他的黑社会性质的组织倒有点不同，不过也是典型的非法组织。"

陆彤接着说："后来张舵和洪大海在一次行动中死亡，张嫣继任劫富帮的帮主，拉了一堆当年曾一起在街头流浪的苦孩子和几个武术学院的同学加入了劫富帮，并亲自管着济贫堂。"

我说："倒也人尽其才，那个什么创富堂归谁管？"

陆彤说："创富堂一直归洪大海管，洪大海死后由他儿子洪柳接管。"

沙纳说："家族式的，代代相传……"

我明白沙纳会担心什么，于是问："上一辈同生死共患难，不知下一辈的关系怎样？"

陆彤说："据我们线人提供的信息，张嫣和洪柳青梅竹马，洪柳爱慕张嫣，对她是百依百顺。但是洪柳这个人是个花花公子，爱钱财，喜挥霍，自从创富堂归他管，劫富帮的性质就开始蜕变，有时候为了钱不择手段，很多行动都涉及犯罪。"

皮尔森重重地叹息了一声。

陆彤说："最近北京这边创富堂的人做了一系列的保险骗赔案，虽然骗到了几百万块钱，却已经被保险公司觉察。"

沙纳嘘出一口气："保险骗赔可就涉及犯罪了。"

陆彤说："不论什么样的非法组织，存在下去都是需要资金的，为了钱难免会走上歪道。"

张嫣突然说："也未必，如果不是洪柳，劫富帮还不至于走上歪路。"

大家等待她继续说下去，她却什么也不打算说了。

皮尔森说："所以，当我被保险公司请去协助侦查系列车险骗赔案的时候，就被他们给盯上了，用中国的一句古话叫什么'欲置之死地而后快'。"

我恍然大悟，说："所以我们旅游的路上才险象环生，可是张嫣跟着我们的目的也是想谋害皮尔森教授吗……"

陆彤说："如果张嫣想下手，你们早就没命了。张嫣和洪柳的目的是不同的，洪柳是想吓阻皮尔森教授，在不得已的情况下，才会下手。但张嫣不过是想通过你们探听保险公司和警方的动向，更关键的是她对保险很感兴趣，不但希望找到办法使劫富帮在保险骗赔案中全身而退，她还有意入股一家保险公司，为劫富帮创造长久且不违法的收益。她发现洪柳的意图后多次打电话劝阻，并曾对你们全力保护。"

我和沙纳听得呆住。

皮尔森则若有所思地点头微笑。

那么，这次车祸又是怎么一回事呢？

"车祸也是洪柳制造的，他想马上结束你们的旅程。"陆彤笑着说，"你们的一举一动都在洪柳的监视之下，他担心再这么旅游下去，张嫣没准会和某个人日久生情……"

我一下明白了张嫣昨晚奇怪的表现了，并赶紧辩解："又献花又求婚什么的，是够玄的，不过这事都是沙纳干的，跟我可没有什么关系。"

陆彤冷笑："辩解什么，洪柳招供说他最想干掉的是你。"

我嘘出一口冷气。

陆彤说："洪柳派人在选择好的路段和恰当的时机别了一下张嫣开着的宝马，张嫣紧急刹车，你们的车虽然及时停住，但后面跟着的大货车也是洪柳安排好的，所以车祸一定会发生。"

我看了一眼伤痕累累的皮尔森教授。出车祸时，他坐在后排我身后的座位上，我没受什么伤是因为荣威550的安全性能极佳，后保险杠全部是宽厚的精钢打造，且6个安全气囊全部打开了，再加上皮尔森教授也成了我的"气囊"，可以说所有的安全防护功能都发挥了作用。

因为车祸是不可以伤到张嫣的，货车司机的目的仅仅是顶死皮尔森教授和我，但他却低估了荣威的安全性能，用的劲儿不够大，所以我们还能看到今天的太阳。

3 沙纳的爱情

陆彤要带走张嫣。

按照陆彤的说法，作为一个非法帮派的首领，张嫣虽然没做过什么坏事，但也不会很快就能出来的。

临行前，张嫣跟陆彤说，希望我送她一程。

我有些错愕，对陆彤说："你弄错了吧？应该让沙纳送她的。"

陆彤摇头苦笑："不。她说的是请你送一下，我一开始也以为听错了。"

我想了想说："这也不奇怪，要是走西口或者上大学自然是要情人送，要是现在这样，我代劳最好。'无为在歧路，儿女共沾巾'嘛。"

陆彤笑笑，没说什么。

陆彤开着警车，我和张嫣坐在后排。

陆彤沉默，张嫣沉默，我也沉默。

还是张嫣先打破沉默。她说："其实，他们最初想干掉的是皮尔森教授，后来的重点目标就转向了你。"

虽然有陆彤昨天的话垫底，但我仍然吃惊不小，忙问何故。

张嫣说："因为在悬崖酒吧的外面你挽着我，我的胳膊搭在你的肩膀上，恰好被打算对皮尔森下手的洪柳看到了。"

我说："把我当成了你的白马王子？"

张嫣笑道："反正是吃醋了。"

我感叹："如果我被撞进大海，死了可够冤的啊。该死的起码是沙纳，不是我。"

张嫣又笑："沙纳挺好的。"

我郑重地说："沙纳爱你。但是作为他的朋友，有一点我必须搞清楚，沙纳和洪柳，你到底爱哪一个。"

张嫣问："你是不是想问我沙纳应该等我还是不等？"

我说："有那么点意思。如果你不爱他，还是让他死心的好。"

张嫣沉默良久，然后说："我觉得我和洪柳更般配些。等我们从监狱出来，我愿意找一个地方和他去过普通人的正常生活。"

我说："你和沙纳也可以过普通人的正常生活。"

张嫣苦笑。

我继续追问："你一定要告诉我，你爱不爱沙纳，其他的都不用说，我只要一个字的答案。"

开车的陆彤终于忍不住插嘴："不要用话术误导，应该是一个字或两个字的答案！"

我说："为什么要偷听别人谈话？"

陆彤哼了一声说："第一，这是我的车，第二，没有隔音设施，第三，我是警察。"

三人大笑。竟然还笑得很是畅快。

陆彤说："你们回头看一下，有什么？"

原来沙纳的宝马就恋恋不舍地跟在警车后面，一直就这么不即不离地跟着。

看着看着，张嫣的泪水流下来。

我安慰说："别哭。我不问了，这个问题答案本来就需要沙纳自己去寻找。"

（全书完）

后记

这套保险科普丛书的前三本是《你为人生保险了吗？》、《你为爱车保险了吗？》和《你为员工保险了吗？》，之所以这样取名，是因为八年前我出过一本《你为幸福保险了吗？》，社会的反响还不错。至于后面还出不出，出什么，那要看市场对这三本书的反应了。

顾名思义，作为科普丛书，我们的目标是向社会大众普及科学的保险知识。

在一个市场当中，当供给者占据信息优势的时候，为追逐利润，难免会对需求者有所误导。同样，当需求者占据信息优势的时候，供给者也会无所适从、处处设防，市场的交易成本会非常高。不幸的是，保险市场就是一个信息非常不对称的市场，保险产品的供给者在一些方面占据优势，保险产品的需求者在另一些方面占据优势。双方彼此不能信任，纠纷不断，严重影响了保险功能的发挥。

中国保险业信息不对称的一个很重要的原因是保险知识的普及没有到位。经过二十多年飞速发展的中国保险业尚有太多的误区，因此，对于中国保险业来说，最重要的莫过于保险知识的普及。唯有普及科学的保险知识，才能消除大众对保险业的各种误解和成见，使这个市场获得健康和持续发展的动力。

保单通俗化无疑是一项重要的工作，但远不及民众保险知识的普及来得急迫和重要。因为保单通俗化是有限度的，即使是保险业最发达的英美，保单依旧难以为大众所充分理解，因为要把未来的承保和理赔事项界定清楚、使权责明确，用字斟句酌但难以理解的法律术语而不是用“大白话”来表述是必要的。在法庭上，日常用语和法律名词经常有着不同的含义，也就至关辩控双方的权益。与其他有形的商品交易不同，保险交易完全是建立在一纸合同的基础之上的，在一张短短的保险单上，兼顾通俗性和严谨性，谈何容易！

本书希望解释各个层面的一些疑惑。比如，作为代理人，你真的理解保险吗？为什么我们在为客户全心全意地服务，可客户不相信我们，却相信那些不诚信的竞争对手？是客户没有保险意识，还是我们本身对保险就有一些认识上的误区？在误区中实践，我们却以为它是真理。

作为保险消费者，我们如何正确认识保险的正面和负面效应？为什么不能盲目地购买或一味地排斥？我们如何将保险纳入一生的理财规划？如何以最小的成本获得最大的保障？如何利用保险这一有力的工具？如何做一个权益不受侵害的聪明的保险消费者？

保险公司和中介公司的管理者，甚至保险监管部门的一些决策者，很多都没有经过专业系统的保险知识训练。一些人一方面忽略保险经济学、保险精算学和保险法学、公司营销和保险企业经营管理等广博而综合的知识体系，秉持着“保险没有理论”的奇谈怪论，轻视保险理论；另一方面则坚持着一些片面甚至错误的经营管理理念，将保险业引入一个个的死胡同中。

但大众保险知识的普及却非常有助于解决这样一些疑惑。消费者若欲拨开误导的迷雾，首先就应该有最基本的保险知识。

保险知识的普及首先应该让受众能够无障碍地阅读到必要的保险知识。在这个信息爆炸的年代，让一个人静下心来把一本书读完，绝对不是一件容易的事情。

市面上也有一些关于保险理财或者普及保险知识的书籍，有些也很有水平，但很多人却从来没有耐心读完其中的一本，因为它实在不能吸引读者读下去。满怀希望地将书买回，耐着性子读完几页然后将其束之高阁，这似乎已经成为一种常态。

怎么样让读者把手里的书一口气读完，在轻松愉悦之余学到其中的保险知识呢？讲一个用悬疑推理和爱情元素引人入胜的故事吧。这套书秉承的就是这样一种理念。

“大家写小书”，是我的一位好友对我做这件事的评语，他是一家杂志社的主编，满腹经纶却谦虚、恬淡。他的这句评语我接受后面的部分，这套书的确是一套小书，但我希望这本小书能发挥大的作用，比我呕心沥血写的那些学术论文和著作更有意义。至于前面的“大家”那是万万不敢当的，当朋友说我是一棵树的时候，我还是有自知之明的，我不过是一棵小葱。在浩瀚的保险知识体系面前，我不过是一个刚入门径的小学生罢了。如果一定要用“大家”两个字，我觉得应该是“大家一起来行动”的大家，指“大伙儿”的意思。保险知识的普及，个人之力是非常有限的，让我们大家行动起来，共同普及科学的保险知识吧。

限于个人能力，书中难免会有一些偏颇乃至谬误之处，热切期望读者指正并提出建设性的改进意见。

王国军

2009年秋于北京